図1　カラーによる写真印刷のなかった明治から大正期には、モノクロ印刷の写真に薄い絵の具で彩色をほどこした絵はがきが作られた。こうした絵はがきは女工たちの手によって一枚一枚彩色された。図は明治期の手彩色絵はがきのひとつ。

図２　1898年（明治31年）にヨーロッパで発行された絵はがき（第九章参照）。

図３　明治期、ドイツで発行された絵はがき。横浜写真をもとにしていると思われる。

図 4　「彦根八景亭」絵はがき。明治-大正期。

図 5　「彦根ノ池」絵はがき。明治-大正期。

図６　石版の多色刷りを利用して近江八景を描いた1910年（明治43年）の東宮行幸記念絵はがき。明治期のカラー印刷は、主として木版印刷か石版印刷で、色数が増すほど手間がかかった。７色の石版刷りに加えて金属型によるエンボス（浮き出し）加工をほどこした贅沢な作り。

図７　唐崎の松、沖の白石、多景島を印刷した昭和期の絵はがき。三色分解を用いた網点によるカラー印刷。

淡海文庫 38

絵はがきのなかの彦根

細馬宏通 著

SUNRISE

はじめに

戦前の古い絵はがきを集め始めて、かれこれ十年近くになる。最初は、明治時代の塔の研究をするために、東京や大阪の歓楽地の絵はがきを少しばかり集めるつもりだったのだが、絵はがき屋でこの箱あの箱を探っているうちに、次第に、他の絵はがきにも興味が広がるようになった。とくに、長く住んでいる彦根の絵はがきは、見つけるとついつい抜いてしまい、気がつくとまとまった量になっていた。

そうなると、ただ眺めたり並べ替えているだけでは飽き足らなくなる。幸い、彦根絵はがきに写っている場所の多くは、自宅から数キロないし十キロの範囲に収まる。そこで、かつての絵はがきに写された名所旧跡をじっさいに自転車に乗って訪ね歩いてみることにした。

鞄には絵はがき、そしてノートとカメラ。道具立てはいたって簡単だ。行く先々で、絵はがきと目の前の風景とを比べて、ノートに気がついたことをどんどん書き加えていく。わからないことがあったら近所で話を聞いてみる。きちんとした調査ではあらかじめ予約をとるのが礼儀なのかもしれないのだけれど、なにしろ、何を誰に聞けばよいのかわからないところから始めるのだから、まずは「すみません」と声をかけて、道行く人の時間をちょっと拝借する。幸い、彦根の方は概して親切である。昔の絵はがきを見せながら「この場所を探しているのですが……」と尋ねると、懐かしがっていろいろと教えてくださる方が多い。中には、目を細めて絵はがきに見入ってから、通り過ぎる人に声をかけてさらに人を集めてくださる方までおられる。そうなると、絵はがきの周りに近所の人が集まって、ここはあそこで、ここではこんな遊びをして……と、道ばたでちょっとした話の華が咲く。

何度かそういうことがあってから、絵はがきの拡大コピーを持ち歩くようになった。お年寄りにはコピーで引き延ばしたほうが細かい部分が見やすいし、気軽にあれこれ書き込んでもらうこともできる。

そんな風に、絵はがきのコピーを鞄に忍ばせてあちこち人に尋ねて歩く試みを、最近では「彦根風景探偵」と呼んでいる。この名前をつけてくれたのは、わたしの勤務する滋賀県立大学のOBにして、若き地域文化研究家でもある上田洋平君だ。

風景探偵は、誰か特定の人からの依頼を受けるわけではない。あえて言えば、絵はがきからの依頼を受けているようなものだ。蚤の市や古本屋で手に入れた、もともとは見知らぬ誰かから見知らぬ誰かに宛てられた古い絵はがきを、この探偵はまるで自分に宛てられたものであるかのように勘違いする。そして絵はがきに背中を押されるように、いそいそと風景を探りに出かける。

その景色はどこなのか、そこはかつて人々にとってどのような場所であったのか。おそらくはそれが絵はがきの「依頼」である。「名所」絵はがきなのだから、その土地の有名な場所が写っているはずで、それならすぐに決着がつきそうなものだが、なかなかどうして、この依頼は意外に手強いのである。

近所を写したものなのだから、素人探偵にもそれなりの土地勘はある。が、なにしろ、明治・大正と現在とでは、風景がよほど違っている。とくに琵琶湖畔では、第二次世界大戦中から戦後にかけて、あちこちで干拓が行われたために、水があるはずの場所に水のない場所があちこちにある。土地名を頼りに訪れてみて、あまりの激変ぶりにとまどうこともしばしばだ。

こうした変化をつぶさに知るには、同じ土地を写した異なる時代の絵はがきがあるとよい。たとえば、明治後期の絵はがきが一枚あるよりも、明治・大正・昭和初期といくつかの絵はがきがあるほうが、風景の移り変わりがよくわかる。

とはいえ、絵はがき蒐集家としては日が浅いわたしのコレクションだけでは、とてもそこまではおぼつかない。そう思っていたところ、幸いにも、彦根在住の蒐集家、野瀬正雄さんの知己を得た。野瀬さんは、絵はがきや引札など、いわゆる「紙モノ」蒐集の大ベテランで、彦根の絵はがきについても膨大なコレクションを持っておられる。野瀬さんの経営する時計店で、毎時鳴る時計の音を何度も聞きながら、絵はがきを拝見しているうちに、これは一冊の本にまとまるのではないか、という気がしてきた。そんなことを、彦根の名物出版社、サンライズ出版の岩根治美さんにふともらしたら、「その企画、いただきます」とあっさり話が進み、ここに彦根名所を巡った、一種の探偵調書ができあがったというわけだ。

そんなわけで、この本は、さまざまな意味で、彦根に由縁がある。

が、そのいっぽうで、彦根以外の読者にも読んでいただければと思っている。というのも、絵はがきを頼りに各所を巡るという方法じたいは、彦根以外の場所でも有効だからだ。

そもそも名所絵はがきというものは、彦根の特産ではない。明治の昔から、全国さまざまな場所を写した名所絵はがきが発行されてきた。そんな絵はがきの一枚をたまたま手に入れて、「せっかくだから行ってみようか」と思う人は少なくないだろう。

そこで、絵はがきを読み解くのに必要な一般的なことがらは、コラムにまとめておいた。また、各章でも、絵はがきを見ながらその場所を尋ねて歩くためのちょっとしたコツに触れておいた。絵はがきを片手に各所を巡るときの参考にしていただければ幸いである。もちろん、この本を手に、彦根の町を訪れていただけるなら、これに勝る著者の喜びはない。

さて、すっかり前置きが長くなってしまった。さっそく、絵はがきを手がかりに、旅に出かけることにしよう。

目次

一章
大洞絵はがき

「近江彦根　大洞内湖の景」絵はがき。遠く右手に弁財天の石鳥居があり、中央から少し左に、入江内湖へと続く「差し合い」が見える。（野瀬正雄コレクション）

図1-1　「近江彦根　大洞」絵はがき。未使用。（野瀬正雄コレクション）

手元に、一枚の絵はがきがある（図1-1）。

おだやかな水辺を写した古いモノクロの写真で、通信欄の大きさからすると、一九一八年（大正七年）以前のものだ。[*1]

左には湖、右には崖。湖に浮かんだ船には大きな帆が張られている。いまではすっかり使われなくなった「丸子船」だ。水面は信じられないほどおだやかで、帆影から岸辺の杭の一本一本にいたるまで、はっきりと映り込んで、波ひとつ立っていない。どうやらそこは船着き場で、すぐそばに線路が走っているが、鉄道駅は見あたらない。

土ぼこりの立ちそうな道が、写真の手前から向こうに延びている。その先には鳥居、そして傍らには大きな松がある。鳥居の先は参拝道なのだろうか、線路をまたいで山側に続いている。その先におそらく、神社があるのだろう。

写真の下には、「近江彦根　大洞」の文字。アルファベットで「Daido Lake Hikone Omi」とある。

まだ彦根の地理にあまり明るくない頃、この絵はがきの光景が気になって「大洞 Daido」を訪ねてみたことがある。

ところが、彦根出身の人に「Daido」と尋ねても怪訝な顔をされる。大きいに洞窟《どうくつ》の洞《どう》です、と言うと、ようやく、ああ、「おおほら」ね、と答えていただける。年配の方なら、少しふるさと訛りが入って「おおはら」と発音されることもある。

彦根を紹介する観光絵はがきに、なぜ「Daido」と、間違った読みが入ってしまったのだろう。当時、こうした絵はがきはしばしば彦根以外の場所で製造されることが多かった。確かなことはわからないけれど、もしかするとローマ字を入れる職人さんが、呼び名を知らずに音読みにしてしまったのかもしれない。

大洞《おおほら》を探すのはさほど難しくはない。絵はがきには線路が写っているから、鉄道線路

図1-2　現在の大洞弁財天鳥居。(2005年撮影、渋谷博氏提供)

沿いに地図をたどっていけばいい。すると、JR彦根駅を北に二キロほど行ったところに、絵はがきの中にあるのと同じ、石鳥居がある。

どうやら、これが大洞弁財天の石鳥居らしい。

しかし、絵はがきのような風光明媚な光景を想像して行ったわたしは、愕然としてしまった。水辺の気配がどこにもないのだ。鳥居の前が砂地の駐車場になっており、その周りは住宅地になっている。どうやら船着き場はすっかり埋め立てられてしまったらしい(図1-2)。

本当にここでいいのだろうか。近所に長くお住まいの方に話を聞くと、やはり、この鳥居が、絵はがきに写っている鳥居だという。

戦前も、列車はちょうどこの弁財天の鳥居の手前でカーヴを切っていた。信号の加減か故障かで、一度カーヴの上で汽車が止まってしまったことがあって、そのときは汽車を降りて、てくてくと自宅まで戻られたという。

ということは鉄道と鳥居の位置関係は、今と変わりないのだ。しかし、絵はがきのコピーをかざして立ってみると、その他の事物は、あまりにも様変わりしている。

まず、鳥居の傍らには、すでに大松はない。切り株か何かが残っていないか探してみたが、残念ながら鳥居の傍らは土手の土で埋まっており、それらしいものは見つからない。いっぽうで、写真には写っていない、石の灯籠が二本立っている。灯籠の裏を見ると、「昭和十四年建立」とある。絵はがきは大正七年以前のものだから、写っていないのは道理だ。

どこかに、絵はがきにあるような、かつての水際を示すものは残っていないだろうか。あたりを探すうちに、ひとつ目についたものがある。石段だ。

鳥居の左側は砂地の広場で、そこに車が何台か止まっている。その広場の西側に、石段がある。最初は気にも留めなかったのだが、あたりを見回すうちに、どうもこの石段の用途がわからなくなってきた。

もしここが駐車場ならば、車を乗り入れやすくするべく道をならしてしまえばよい。石段などいらないはずだ。しかも、石段の前は半ばゴミ集積場によってふさがれている。

図1-3　大洞弁財天鳥居前に残っている石段（2004年）。西から撮影。

ということは、この石段は、いまはもう使われることのない、かつての機能を失った存在なのだ（図1-3）。

絵はがきの中の水際を改めて見てみた。

よく見ると、丸子船のすぐ右側には石段があり、そこから鳥居前の広場へと陸路は続いている。もしかすると、この石段は、現在残っている石段と同じものではないだろうか。

周囲との関係をさらに見てみよう。絵はがきの中の石段の横は石垣で、広場を囲むように築かれている。では、現在の石段はどうか。石垣の並ぶ先を追っていくと、驚いたことに、住宅の影に隠れてはいるものの、船着き場の石垣とそっくりの輪郭を保っている。

絵はがきの中の石段の傍らには、小さく人影が写っている。石垣は、その人の身長よりやや高い。石

図1-4　大洞の船着き場から内湖で田舟遊びをする青年たち。向こう岸には松原の街並みが見える。右端の木々はお浜御殿のものであろう。戦前の写真。(渋谷博氏提供)

段の段数を数えてみると、一、二、……五段ある。

いっぽう、現在の石段は三段しかない。しかし、よく見ると段は地面から積まれているのではなく、半ば埋まっている。それに、絵はがきの中の石段は、石垣の前面のあたりから始まっているのに対して、現在の石段は、石垣の前面より奥まったところからスタートしている。これはいかにも不自然だ。

ということは、これは、アスファルトから鳥居前へと登るためにわざわざ作った石段ではなく、かつての石段を埋めたあとに違いない。

もう間違いないだろう。

まさにこの場所、このアスファルトの上に、絵はがきの中の丸子船が乗り入れていた。

そう思うと、足もとからひたひたと、水の気配がしてくるような気がする。

かつてこのあたりは、「松原内湖《まつばらないこ》（大洞内湖）」と呼ばれる内湖だった（図1-4）。ここ大洞に限らず、琵琶湖沿岸には、現在の米原付近にあたる「入江《いりえ》内湖」や近江八幡の大中町《だいなかちょう》にある「大中湖《だいなかこ》」をはじめ、大小様々な内湖があった。これらの内湖では、明治期から部分的な干拓が行われていたが、第二次世界大戦中の食糧難対策のため大規模な干拓工事が始まった。松原内湖、入江内湖の場合は、一九四四年（昭和十九年）に埋め立てが開始された。戦時中の埋め立てでは、近隣の学徒が動員された他、捕虜

図1-5　彦根城城山から見たパノラマ写真絵はがき。（野瀬正雄コレクション）

や朝鮮人労働者も事業に駆り出された。急場の干拓事業は困難を極め、一年目の埋め立て後には、夏の豪雨で埋め立て地が冠水してしまったという。

　結局、干拓事業は戦後まで続き、松原内湖の埋め立ては一九四七年（昭和二十二年）に完了した。戦前、戦後の数年のうちに、こうした干拓によって、琵琶湖の沿岸線は大きく変化した。

　戦前に発行された絵はがきに、彦根城の城山から見たかつての内湖が、パノラマで写し出されている（図1-5）。

　まず右側の絵はがきを見てみよう。手前に見えるのは玄《げん》宮《きゅう》園《えん》の池で、そのすぐ裏手（現在の総合運動場付近）は、もう広々とした内湖だ。湖の中には矢印型をしたエリ漁の網も見える。

内湖の向こう側で山と山とが途切れている。ここからさらに向こう側には、入江内湖が開けている。ここも、松原内湖と同時期に埋め立てが行われた。

右手の山の山腹に、崖が削れたような部分が見える。ここは、一九二七年（昭和二年）に土砂の崩落が起こり、琵琶湖線が脱線した現場だ。その後、崖は補強されたため、緑が欠けている。

そのすぐ右隣が大洞弁財天である。拡大すると、小さく石鳥居も写り込んでいる。弁財天は、城から見てちょうど艮《うしとら》の方向で、ちょうど城の鬼門を固める方角に置かれていることになる。ここは一六九六年（元禄九年）、藩主井伊直興《なおおき》によって建立された井伊家ゆかりの藩寺で、かつて井伊家の殿様は、城から船を出し、この内湖を渡って石鳥居にたどりつき、参詣した。

竹生島《ちくぶしま》や江ノ島、厳島《いつくしま》神社を思い出せばわかるように、弁財天は水にゆかりが深い。大洞にはすぐそばに内湖があったのだ、と知れば、なぜ弁財天がこの大洞に置かれているのかも、納得がいく。

パノラマ絵はがきの左側には、琵琶湖側の風景が写されている。手前は楽々園、その裏には堀や埋め立て地があって、左手には松原の町が広がっている。そこから画面上部中央に向かっては田畑が磯山へと続いている。

写真師のいた場所

図1-1の絵はがきを見ているうちに、ふと、どこから撮影されたのかが気になってきた。

写真の下まで続いている道からすると、どうもこの写真は、道ばたではなく、道のかなり上方から撮られているようだ。そういえば、右側の線路も、どちらかというと、見下ろすように撮られている。となると、これは三脚などではなく、もっと高い、土手か丘のような場所から撮られたのではないかと思われる。

そこで、どこかよい高みはないかと鳥居から離れていくと、はたして、百メートルほど歩いたところに、ちょうどいい高さの築山がある。高さ数メートルというところだろうか。登ってみると、そこには大きな石碑が建っている（図1-6）。碑文には、「南無平等大會一乗妙法蓮華経」とある。裏側には「大坂戦死」という文字も見える。大坂冬の陣、あるいは夏の陣の合戦で亡くなった人々を弔う内容なのかもしれない。

さぞかし有名な塚なのだろうと思って、あとでガイドブックや市史を調べたのだが、はっきりこうと示している文献を探すことはできなかった。しかし「元禄十二年」と刻まれているので、ずいぶん古いものには違いない。江戸時代に描かれた「佐和山城絵図」

図1-6　大洞弁財天鳥居の南にある築山の碑。福島次郎作塚跡。

には、「福島次郎作塚跡」とあるから、この頃にはすでに特別な場所として認知されていたのだろう。となれば、遅くとも明治・大正期には、すでにこの築山はあったわけで、当時の写真師の目に止まったのにも、納得がいく。

数年前に築山の前には住宅が建ち始めたので、現在は残念ながら眺めは閉ざされている。以前、まだ、この築山からの眺めが開けていた頃、てっぺんに登って、絵はがきの光景と目の前の風景とを見比べてみたことがある。

絵はがきの景色は、昔とはかなり異なっているものの、よく見ると、線路の曲がり具合、崖の傾斜、遠い山々の連なりなど、時代を越えて、現在と同じ環境がそこここに写り込んでいる。カメラ位置に立つと、これらの位置関係、遮蔽《しゃへい》関係がぴたりと一致する。風景の基本を為しているさまざまな手がかりが、あたかも屋台骨のように、景色を支え始める。この屋台骨に、まるでジグゾーパズルのピースをはめ込むように、絵はがきの中の景色がぴったりとはまる。

するとにわかに強い現実感を帯びてくる。

かつての内湖の水際のラインが、じつは現在の住宅地の街路と同じ線をたどっていることがわかる。しばらく立っているうちに、自分の立っている築山のすぐそばまで、ひたひたと水の気配が押し寄せてきて、あたかも広々とした湖面が左側に広がっているかのような気配がする。

はじめは、わたし一人の思いこみかと思った。が、どうもそうではないらしい。何人かの人に撮影現場に立ってもらい、その場で絵はがきのコピーをかざしてもらうと、たいてい「あ」と叫んでしばらく動かなくなるのである。

この体験以後、わたしは絵はがきに写った場所を訪れるたびに、ただ景色を確認するだけでなく、撮影場所を探して、そこに立ってみるようになった。写真師のことを想像しながら、その目を借りるように写真を見ると、景色だけでなく、景色とそれを写す人との間にある空気に、少し触れることができる気がするのである。

丸子船の通った内湖

絵はがきをいろいろな人にお見せすると、思わぬ反応が返ってくることがある。

「ああ、これはよう写っとるねえ」

大洞絵はがきを見せると、一九一七年（大正六年）生まれ、元遊覧船船長の西尾新次郎さんは目を細めて声を上げた。

てっきり埋め立て前の内湖のことかと思ってよく見ると、西尾さんが指さしているのは、写真左に写っている丸子船の船尾だった（図1－7）。

「ほら、これが舵を吊る屋形。『カセギ』ですね」

「カセギ？」

図1－7　図1－1の部分（拡大）。石段は５段ある。丸子船のカセギ（かさ木）が湖面に写っている。

丸子船の構造をよく知らないわたしはつい聞き返してしまう。

「こう、鳥居みたいな形でね」

西尾さんの両手が「カセギ」の形を描く。

西尾さんは十三のときから船で荷物を運んできた。丸子船を説明するときは、目の前の船を確かめるように、手が各部の大きさをなぞる。

カセギ（かさ木）は、船尾に鳥居のよう

に据えられている。丸子船にとっては、肝心かなめの構造だ。

内湖のような浅瀬に船が入り込むときに、大きな舵は水底に届いてしまうことがある。そういうときは、カセギの横に渡された板の下に、舵を吊り上げておく。カセギは、帆をたたむときにも使う。丸子船の大きな帆柱をばたんと寝かしつける場所も、この鳥居のような横板部分だ。

西尾さんの指は、汽車のあたりをすうっとなぞる。

「この汽車が来ているところがあるでしょう。これをずうっと奥に行くと『差し合い』いうて、そこを荷物積んだ丸子船が通る」

差し合い、というのは、松原内湖と入江内湖のつながった部分、つまり西の磯山と東の弁天山とのあいだを指す。西尾さんはかつて、丸子船の甲板に板を敷いて、そこに砂利や砂を乗せて、松原内湖から入江内湖へと運搬したことがあるという。荷物が多いときは二隻の丸子船を抱いて（並べてつないで）運んだのだそうだ。

「で、『差し合い』を通っていくと、米原駅の裏へ出る。そこまで荷物を運んで揚げてましたよ」

そう言いながら西尾さんの指は、絵はがきの陰になっている山の向こうに回り込むよ

図1-8 「彦根　大洞内湖の景」絵はがき。南から大洞内湖を見たところ。田舟の上に乗っているのは、肥料用の藻であろうか。

うに、くるりと方向を変える。それから、指は絵はがきから離れて中空に移動し、そのまま腕ごと突き出された。

じっさいに、絵はがきに写った光景の中で生活をしていた人とお話すると、その体の動きは、他の人とは違う。絵はがきの上をなぞる動きと、実際の世界を指し示す動きとが、地続きになっているのだ。

西尾さんの腕が米原の方を向いている。絵はがきが、この世界の上に押し拡げられていくようだ。

＊1 「絵はがきの時代推定」参照。

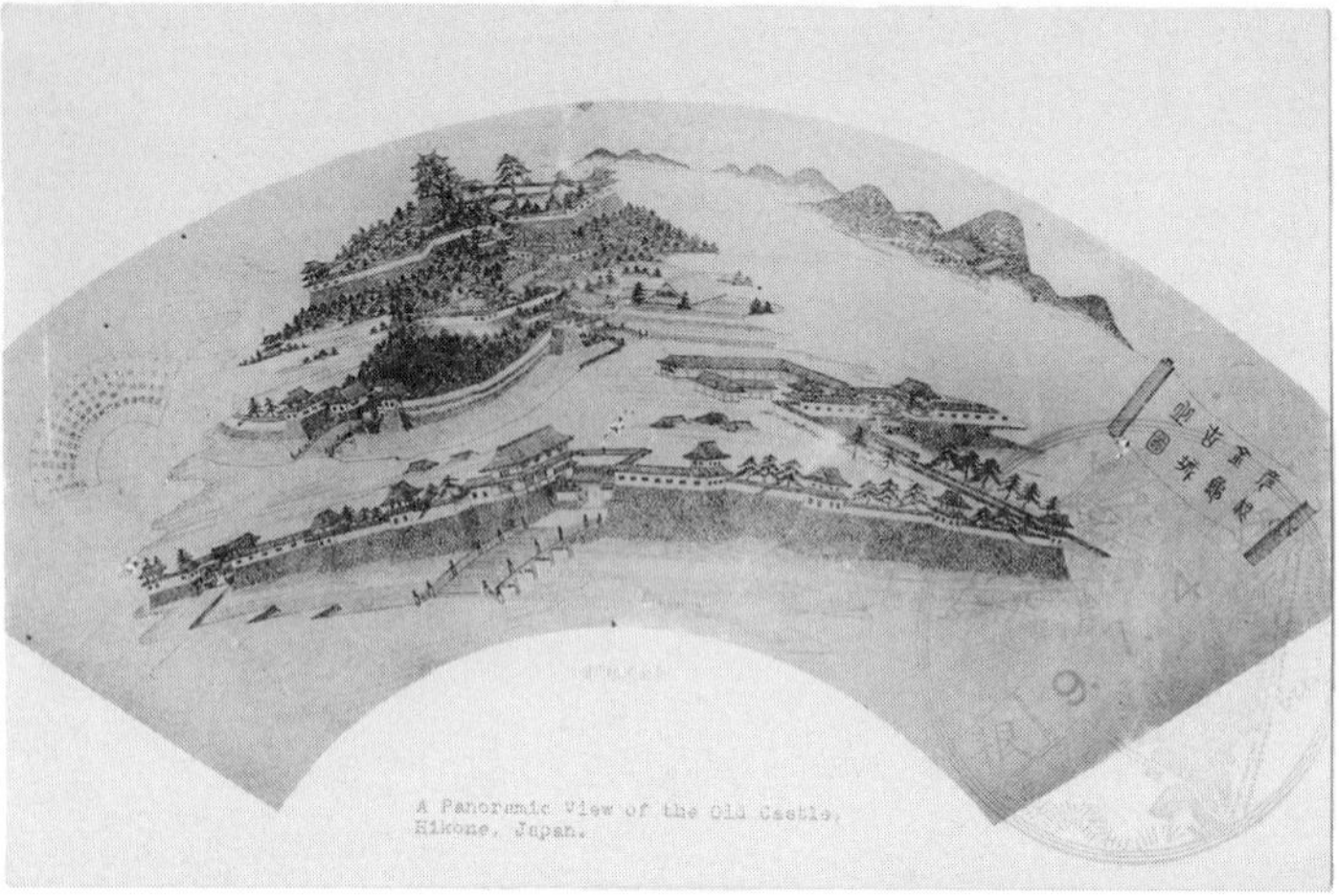

図1-9　彦根城旧図絵はがき。かつての彦根城の絵図を用いている。城の右側に、内湖をはさんで大洞弁財天のある山が大きく描かれており、ふもとには鳥居も見える。かつて、藩寺である大洞弁財天がいかに大きな存在であったかが伺える。

図1-10　松原内湖の南側には「百間橋」と言われる橋がかかっていた。「三成に過ぎたるものが二つあり　嶋の左近に百間の橋」と呼ばれた通り、石田三成の時代には、稲妻形に佐和山から湖岸まで横断する長い橋だったが、佐和山城が滅ぼされたあと、解体された。写真はその後新たにかけられた戦前の百間橋。現在のスイミングプール南付近にかかっていたもの。（彦根市図書館蔵）

二章　岩の記憶

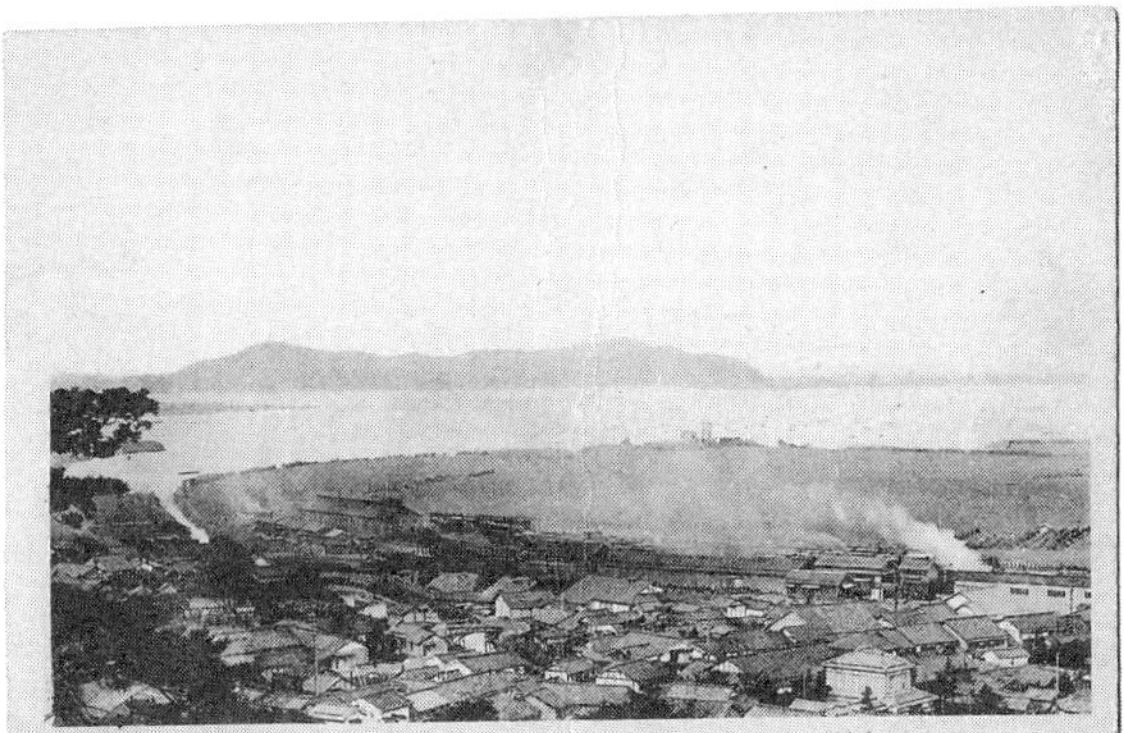

「米原町全景及琵琶湖の眺望」絵はがき。中央に広がるのは入江内湖。その向こうは磯山。画面左端に、内湖から米原駅へと遡る川が見える。（野瀬正雄コレクション）

礒山の湖岸

絵はがきに写った風景を探し当てるのは、いつもうまく行くとは限らない。とくに、過去に大規模な開発が行われた場所では、絵はがきに残された手がかりがほとんど使えなくなり、ここという場所を探しあてるのが難しい。「礒山の湖岸」絵はがきもそのひとつだった。

昔から彦根に住んでいる人たちに礒山の絵はがきを見せると、「おお、遠足でよう行ったよ」「小さい頃は、あそこが日本一の景色だと思うとったけんどね」と懐かしむ声があがる。「日本一」、は少し大げさとしても、かつての礒山は、小学生がそう感じるだけのことはある、絶景の地だったらしい。

らしい、と自信なさげに書くのは、その「日本一」というのが、一九九〇年代になってから彦根に移り住んだわたしの頭には、どうもピンと来ないからだ。

場所なら分かる。彦根から湖岸道路を北に行くと、彦根プリンスホテルを過ぎたあたりで右手に崖が見えて視界を遮る。そこを回り込むように、道がぐいと曲がっている。この崖の上が「礒山」だ。

では、このあたりがその「日本一」なのか。どうもそこが心許ない。

磯山は、いちばん高いところでも一六〇メートルほどの小山に過ぎない。確かに切り立った崖はあるものの、絵はがきに写っているような複雑な岩礁があるわけでもないし、他に目を引く景色があるわけでもない。事実、湖岸を行く車は、景色を眺めようと止まるでもなく、どんどん通り過ぎていく。

何か手がかりがないかと思い、あたりを散策してみた。山上には磯崎神社がある。ここは日本武尊《やまとたけるのみこと》を祭る古い神社で、毎年武者行列の祭りが行われる。この山が、古い昔から神さびた場所として扱われてきた証拠だ。古代の人々に、この地は何か特別な感情を呼び覚ます地形を持っていたのだろう。

急な坂道を登っていくと、境内から先は意外に長く、尾根づたいにゆるやかに道が上下する。樹々の美しい散歩道だ。

磯山は南の彦根側と、北の米原側に広がる田園地帯を分かつ。道は尾根に沿っているので、樹々が途切れたところから、それぞれの平野が見渡せる。

じつはこの南北二つの広がりは、いずれも、かつては水をたたえた内湖だった。彦根側は松原（大洞）内湖、そして米原側は入江内湖。大正年間の地図を見ると、まだ、二つの内湖がはっきりと描かれている。つまり、この磯山は、かつては二つの内湖のあいだにあって、琵琶湖に突き出した「岬」だったのである（図2−1）。

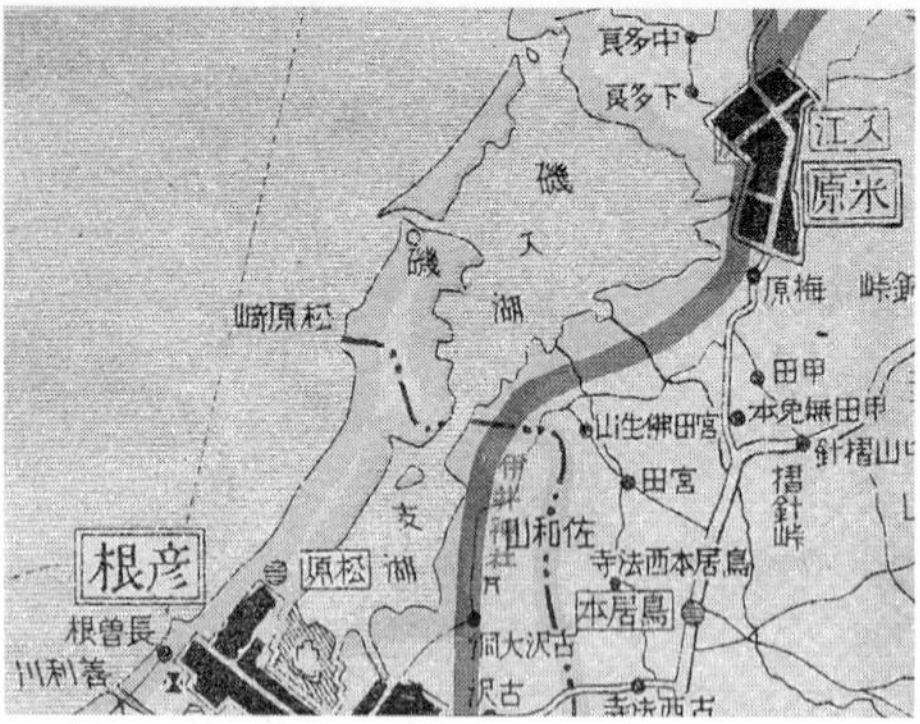

図2－1　大正15年毎日新聞社発行の滋賀県地図。「松原崎」と記されているのが磯崎。「磯入湖」とあるのは入江内湖、「支湖」とあるのは松原内湖。

岬、というのは必ずしも誇張ではない。万葉のころ、この地は、磯の「さき」と呼ばれていた。万葉集の高市連黒人《あけちのむらじくろひと》の歌に、次のようなものがある。

「礒前《いそのさき》漕《こ》ぎたみ行けば　近江の海　八十《やそ》の湊に鵠《たづ》さはに鳴く」

琵琶湖上を岸伝いに行くとき、葦の原の中に、磯の岬が現れる。回り込むように船を進めると、それまで岬の岩礁で遮られていた鳥たちの声がいちどきに届く。その声で、港の存在を知る。声のする方には港が岸に沿ってひしめいている。そういう時間が、この万葉歌には流れている。

図2-2　「礒山の湖岸」絵はがき（未使用）。「彦根名勝」と書かれた袋入り（8枚）の中のひとつ。

しかし、現在の磯山は、瀟洒《しょうしゃ》な山ではあるものの、「いそのさき」というほど目立った存在ではない。第二次世界大戦中から戦後にかけて、二つの内湖は埋め立てられたため、「さき」としての存在感は失われた。多くの人にとっては、その手前にある、彦根プリンスホテルの方が、よほど目を惹くだろう。

ここで、「礒山の湖岸」絵はがきを見てみよう（図2-2）。

写真は、まだ二つの内湖にはさまれていた頃の磯山の崖下の様子を写している。二人が並んで通ればそれだけでつかえてしまうほどの狭い遊歩道を、ごつごつと、特徴のある形をした岩が取り囲んでいる。湖側から見たなら、さぞ奇観に見えたに違いない。

では、この絵はがきの光景は、なぜいま見ることができないのだろう。そもそも、この写真は、ほんとうに磯山で撮影されたものなのか。

絵はがきに写った場所を訪れるとき、もっとも重要な手がかりは、岩や地面の輪郭だ。建物や田畑などの人工物は変わっても、地面は容易なことでは変わらない。おそらくこの写真に写った岩も、おそらくさほどの苦労もなく見つかるはずだ。

そう思って、磯山まで自転車を飛ばし、絵はがきを片手に、同じ形の岩がないか湖岸のあちこちを探してみた。

ところが、どうも様子がおかしい。

確かに、岩はあった。注連縄《しめなわ》が張られていて、いかにも由緒が正しそうなその岩は現在「烏帽子岩《えぼしいわ》」と呼ばれており、磯崎神社の入口と道をはさんで反対側にある。最初に見たときはてっきり、この岩こそが、絵はがきに写っている岩なのだろうと合点しかかった。

さっそく、いつもやっているように、絵はがきの写真が撮影された場所を特定することにした。岩の向こう側に回り込み、その岩を手前に、磯山の崖と湖を遠くに見るような角度を探り、それらしいところに立ってみる。

どうもうまくいかない。

まず、道の線が合わない。写真の道は、手前から左に伸び、そこから逆に右に曲がり、ふたたび岩間に消えるように左へと蛇行している。その線が、まるで目の前の道と違っている（図2－3）。

図2－3　現在の烏帽子岩を北側から望む。左側の松の生えた石垣上には高市連黒人の歌碑がある。

図2－4　図2－2を拡大したもの。

あるいは、湖岸道路が、かつての岩盤を削ってしまったために、写真に写っている道が消えてしまったのかもしれない。

岩の形はどうだろう。

「烏帽子岩」の形は、明らかに自然の造形によるもので、人が削ったものではない。そうだとすれば、写真の中でも同じ形をしているはずだ。

しかし、写真の中で道ばたに立っている岩は、ずっと縦長のものだ（図2-4）。ぬっと道の脇に突き出たような形をしている。いくらなんでも、これは同じ岩ではない。

これまで絵はがきの中の風景を訪れたときは、たいていの場合、目の前の景色と写真の中の景色とが、ぴったりと重なる感じがした。しかし、今回はなぜか勝手が違う。

地元の人に聞けば、何か手がかりがあるかもしれないと思い、自転車でさらに先まで行くことにした。

磯の道

磯山からさらに北、湖岸道路と湖畔とのあいだに挟まれた領域に、「磯」と呼ばれる集落が広がっている。

行き違う人々に、昔の磯を知る古老の方がおられないか尋ねてみると、どの方も「○○寺のそばを通って」と教えてくださる。信心深い土地柄らしい。ところがいざ自転車を進めるとすぐに方向を見失ってしまい、なかなかうまく思う場所に行き当たらない。

そのうちにわかってきたのだが、この集落には三つの寺があるので、ただ漠然と寺らしきものを頼りに行ったのではすぐに迷ってしまうのだった。しかも集落の中は狭い路地が複雑に道が入り組んでいるから、すぐに東西南北が分からなくなってしまう。

途方に暮れていると、一人の親切なご婦人のご厚意で、お宅まで自転車で先導していただけることになった。

先を行く彼女の自転車は、アスファルトの舗装道を行く。これはわかりやすそうだと思ったのもつかの間、そこからすぐに離れて、狭い路地に入っていく。

「こちらがほんとうの道なんです」。その「ほんとうの道」は、短い路地を迷路を行くように何度も折れていくもので、しかしご婦人は、ごく当たり前のように角々でハンドルを切って行かれる。タイヤが砂利道を踏む。角を幾度も曲がり、もう覚えきれない、というところで、ぱっと広い舗装路に出て、そこが到着地点だった。

「この広い道は、もともとは道じゃなくて堀だったんですよ」

と言われて、ようやく「ほんとうの道」の意味が分かった。

磯の広い舗装路の多くは、もともと堀（水路）だったのだそうだ。舟は車のように鋭く曲がることはできないから、堀はゆるやかなカーヴを描く。だから、磯の舗装路は、交差点のような直角ではなく、かつての堀をなぞって大きく回り込んでいる、ということらしい。そういえば、舗装路に沿った家並みをよく見ると、あちこちに石垣が露出している。それは、地面の上に積まれたものではなく、地面下に潜り込んでいる。大洞にもこんな石垣があった。掘り割りの名残りなのだろう。

磯の道は、おおよそ四種類に分かれる。

ひとつは、軒と軒とが接するほどの、二尺八寸の狭い路地で、これは「ひやわい」と呼ばれている。家並みの隙間のようなこの「ひやわい」から、ちらと琵琶湖が垣間見えることがある。一度この、「ひやわい」越しの琵琶湖を見てしまうと、家並みを行きながらも、このすぐ裏手は琵琶湖なのだという気配がずっと続く。磯の不思議な雰囲気は、おそらくこの「ひやわい」から来るのだろう。

「ひやわい」より少し広い六尺ほどの道は「出し合い」。これはかつて、持ち主の異なる田畑の間にあった道で、お互いの土地を少しずつ出し合ったので「出し合い」と呼ぶ。

さらに、やや広めの道は、昔から磯の中の主要道として使われてきた道。

これに掘り割りを埋め立てた道が加わると、磯の複雑な家並みになる。由来の異なる磯の道は、あちこちでつながり、さながら迷路になっている。

そんな話をうかがいながら、ようやく、このご婦人が、磯のことをよく知らないわたしのために、あえてわかりやすい舗装路を行かずに、幾度も曲がる路地を通ってくださったことに気づいた。初対面の人間を、かつての集落の記憶へと招き入れてくださるその機知に、感じ入ってしまう。

先に記したように、磯の東、磯山の北に広がる田園地帯は、かつて「入江内湖」と呼ばれる内湖で、この集落の主な交通手段は水運だった。ある古老の話では、磯の近くで収穫した米を、田舟に八俵ほど乗せて、対岸の東海道線をくぐり、米原駅の向こうまで運んだこともあったという。そんな話をうかがうと、米《こめ》の原《はら》と書いて米原《まいはら》と読ませる地名が、あらためてゆかしく思えてくる。ここは、米どころの原、であるだけでなく、水上を米が行き来した原、でもあった。

「このガレージに、昔は舟を入れたんですよ」

と、ご婦人が言われる。ガレージは、なるほど家の建っている面から一段下がっており、舗装道に向けて滑り出すように、低く口を開けている。これなら、人も積み荷も、屋敷の裏からすぐに舟に乗せることができる。内湖の水が、屋敷のすぐ裏まで来ていたのだろう。これは堀の端に当たるので、「堀止め」といったのだそうだ。

昔の磯の道をあれこれ想像するうちに、絵はがきで見ていた磯山のイメージが次第に豊かになってくることに気づく。

磯山の絵はがきを、最初は一瞬の光景だと思っていた。しかし、あの絵はがきの中には、人が歩いているのが写っていた。絵はがきの手前から向こうへと歩いている二人は、この、内湖の中にぽっかり浮かんだような磯の村を過ぎて、あの絵はがきの場所にたどりついたのだろう。彼らは、左手に内湖、右に琵琶湖の気配を感じながら、路地を抜け、堀を渡り、ようやく磯山の崖下に出たところなのだ（図2-4）。

そんな風に想像すると、絵はがきがただの瞬間ではなく、その前後に過去と未来を含んでいることが感じられてくる。絵はがきという空間が、別の場所、別の時間と接続していく。その光景には来歴があって、行き先がある。道は、どこかから来てどこかに去るためのものだ。

ご婦人の家で、親戚から譲り受けたという古い絵はがきを拝見する。バンクーバー発、あるいはバンクーバー宛てのものがいくつもある。そういえば、ここに来る前にも、カナダで生まれたという八十過ぎの古老に話をうかがった。

ここ、磯からは、明治中期から大正期にかけて、多くの人々が移民としてバンクーバーに渡った。

彦根から米原にかけての湖岸沿いの村々からは、海外へ移住する人が多かった。中でもとくに移住が盛んだったのが、八坂《はっさか》、大藪（ともに現在の彦根市）、そして、この磯である。

『米原町史』は、磯における移民の事情を詳しく伝えている。それによれば、移民が増加した原因のひとつは、当時の米作の不安定さにあった。河川の氾濫や内湖の水位の上昇など、湖畔近くでの米作による生活は必ずしも安定したものではなかった。特に一八九六年（明治二十九年）の大水害は、長曽根《ながそね》港の桟橋を流し、田畑が半年以上使えなくなるほどの大損害をもたらした。折しも、一八八五年（明治十八年）から、日本から世界各地への移民が本格的に開始され、滋賀県からも、明治二十年代に入って最初の移民がアメリカに渡ったところだった。大水害のあと、新天地を求めて移住する人は急増した。

移民となる人々は、たいていの場合、親類縁者や同じ地域の出身者を頼って行くか、逆に、先に移民に行った人々が、人手を求めて故郷の者を「引き寄せ」た。八坂、大藪、磯からは、初期にバンクーバーにわたって彼の地で生計を立て始めた人が多かったため、自然とバンクーバーに集まるようになった。湖東以外にも和歌山をはじめ日本各地からバンクーバーへの移民が集まり、中心街のパウエル街には、「日本人街」と呼ばれるエリアが形成された。日本人向けのホテル、レストランができ、日加新聞が発行された。大正期には、カナダ在住の日本人は一万人以上になった。

移住先の男性と故郷の女性との間で、本人どうしが会う前に親や親類縁者によって縁談が進められることもあった。縁談がまとまると、お互いに手紙に入れた写真を国際郵便で交換し、花嫁は渡航したあと、その写真を頼りに花婿と出会った。これは「写真結婚（写真婚）」と呼ばれた。

遠く離れた外地にあって、日本の事情を知る重要な方法のひとつが、郵便だった。中でも絵はがきは、低料金でお互いの近況を知らせることができる手軽なメディアだった。絵はがきが日本で許可されたのは一九〇〇年（明治三十三年）、それから数年後には日露戦争をきっかけに大流行が起こったから、日本からの移民が盛んに行われた時代は、ちょうど絵はがきの時代と重なっている。

ご婦人に見せていただいた絵はがきには、その年その年の事件を写した写真絵はがきも何点かあった。たとえば、明治天皇の大喪《たいそう》写真の裏には、「謹賀新年　大喪中」と書かれている（図2−5、6）。現在のような海外報道の少ない当時、ありありと実況を写した絵はがきは、あたかもグラビア雑誌のように、日本の近況を海外に知らせる重要な手段でもあったのだろう。

第二次世界大戦の開戦以前から、日本とカナダ、アメリカとの関係は次第に悪化し、戦争時代には収容所での生活を強いられた。しかし、戦後に権利復帰を唱え、なお彼の地で暮らし続けてきた人々もいる。現在でも、磯や八坂には、カナダとの交流を続けておられるご家族がある。

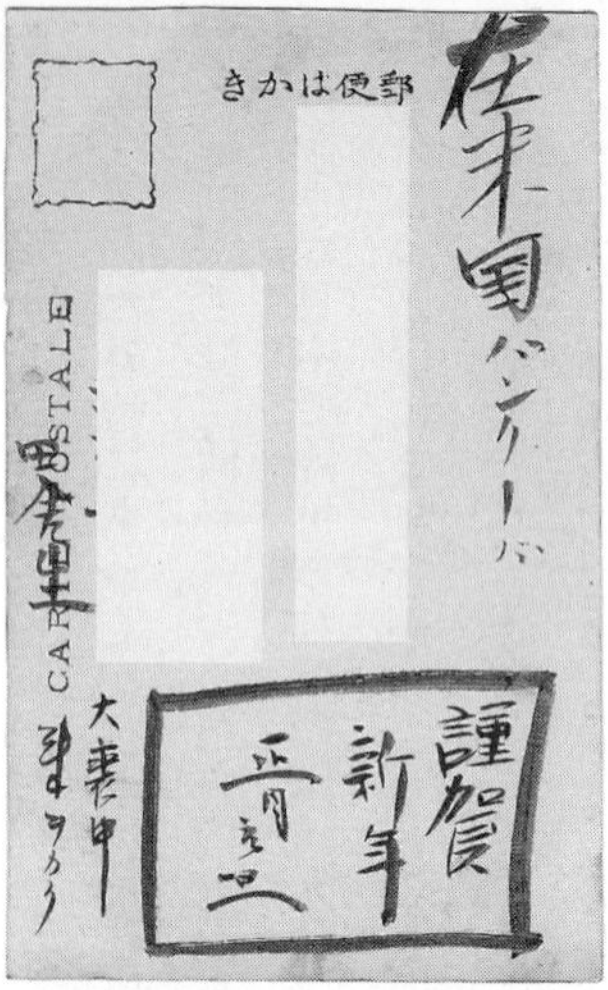

図2－5　朝妻村からバンクーバー宛ての賀状絵はがき。裏は明治天皇大喪写真。切手が貼られていないところからすると、誰かに言付けられたものかもしれない。

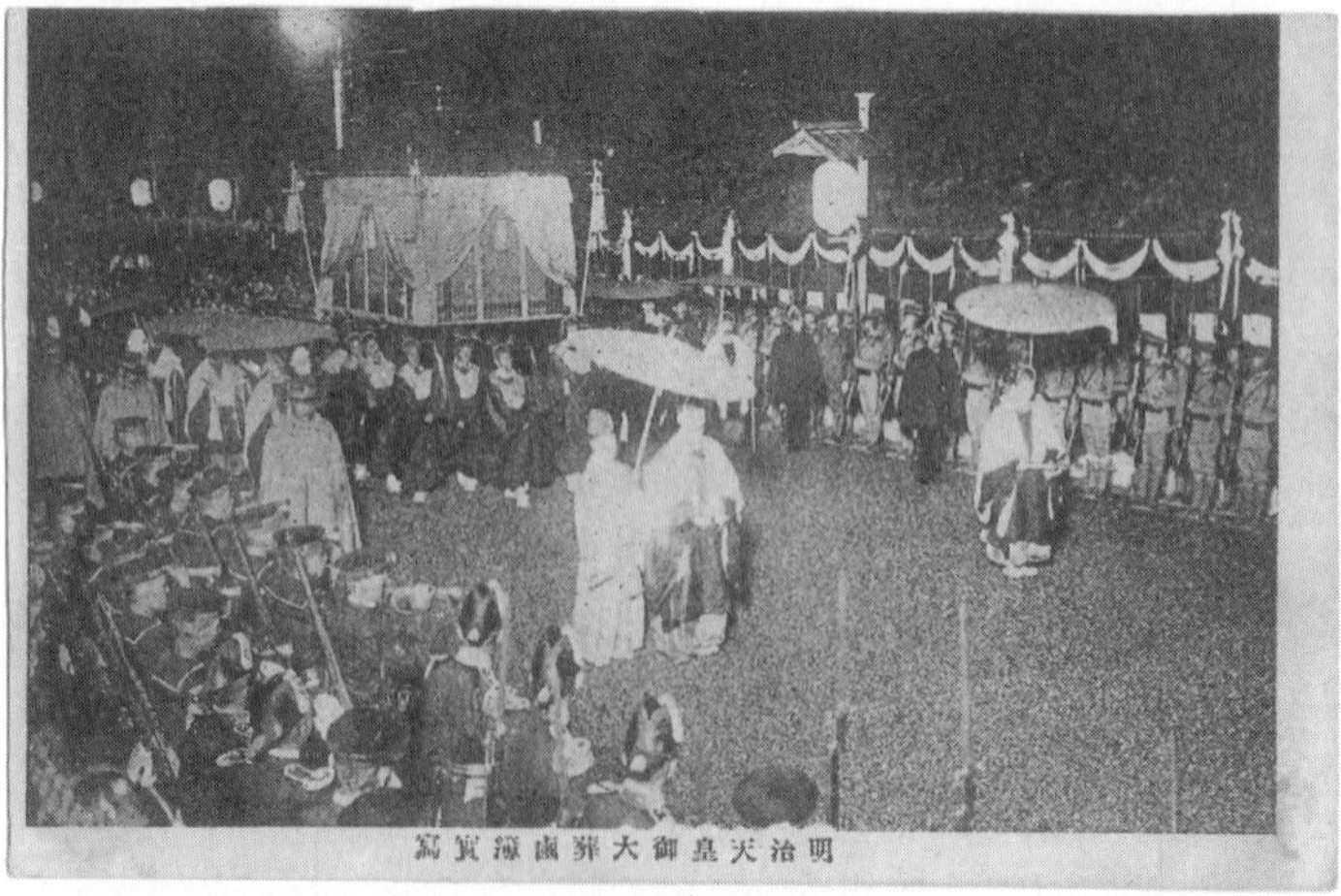

図2－6　図2－5の写真面。明治天皇の大喪写真絵はがき。当時はまだストロボの技術が開発途上で、夜中の行列を撮影するために、写真師たちはマグネシウムを用いたフラッシュをはじめ、さまざまな照明技法を試みた。

岩を探す

さて、問題の磯山絵はがきだ。

かつての磯山を写した絵はがきをお見せすると、ご婦人もまた「ああ、これは烏帽子岩ですね」と、注連縄を張った岩のことを説明してくださる。これまで、磯のあちこちで写真を見せて歩いたのだが、どの人も同じ意見だった。小学校の頃、こちらに帰国したという八十過ぎの古老の方も、やはり烏帽子岩だと言っておられた。やはりそうなのだろうか。

しかし、どうも形が違うのである。

さらに訪ね歩くうちに、もう一人、昔の磯をご存じの方がおられるという話を聞いて、堀川敏男さんのお宅に伺った。堀川さんは一九二四年（大正十三年）生まれ、子どもの頃からこの磯で育ち、いまも磯に住んでおられる。

玄関先に磯山に絵はがきの拡大コピーを広げて、問題の岩を指してひととおり事情をお話しする。と、堀川さんは「待てよ」と言ってから奥から虫眼鏡を取ってくると、ぐっと身体をかがめて、さらに写真の細かいところまでしげしげと眺めている。

「ああ、この岩を知っとるもんは少ないよ」

「烏帽子岩じゃないんですか?」

「いや違う」

堀川さんはすいと起ち上がると「ちょっと外に出ましょうか。車ですか」と言う。いえ、自転車で、と答えると、「じゃあ自転車にしましょう」と言って隣の部屋に戻ってパーカーを羽織ってくると、すたすたと表に出る。

コンクリートで護岸された道に出てから、本格的にこぎ出した堀川さんの自転車は、思いがけず速い。「ここらは昔はすぐ浜でね、こんなコンクリートはなかった」と、大声で話す堀川さんに、どんどん離されていく。ほんの手がかりを尋ねるつもりで来たのだが、思わぬことになった。

磯山の脇、道路の曲がり端のところでようやく追いつくと、自転車を止めた堀川さんは車道のセンターラインあたりを指した。「ほれ、いま車が通る、そこが岩のあったところよ」指さされたその先を大きなトラックが曲がってゆく。岩の気配はまるでない(図2-7)。

図2-7　図2-2とほぼ同じ場所から撮影したもの。図2-3の石はおそらく現在の車道の上にあったのだろう。湖岸の岩礁はほぼ削られていることがわかる。

「もともとね、この道はなかった」と、堀川さんはまた意外なことを言う。

「なかったって、ぜんぜんですか？　この絵はがきに写ってる道も？」

「昔はこんな道はなかった。この道にかぶるくらい岩が出とったれど、削ってしもうた」

堀川さんは突然、車の往来の激しい車道を軽い足取りで渡っていく。あわてて追いかけていくと、堀川さんは崖下を少し彦根側に回り込んでから、小さな参道を指さした。

「昔はここから登って、向こう側に行ったんよ。ちょっと行ってみるか」

てっきりその急な参道を登るのかと思ったら、堀川さんは、迷わず藪の中に進み始めた。

「ほんまの道はこっちですわ」と言って、片手で低木をつかんでは、大股でぐいと歩を進める。長靴をはいているのに、思いがけない速さだ。

追いつこうとするのだが、足下の粗い砂地のおかげで、底の薄いわたしの皮靴はずるずると滑ってしまう。左手には崖崩れを抑えるためのフェンスがある。この地面は、岩盤が削れてできたのだろう。

高さ数十メートルはあろうかというその崖上に、堀川さんはあれあれと思う間に着いた。遅れたわたしが下から見上げると、その堀川さんがフェンスの走る線をなぞるように、何度も腕を動かしている。

「ここ、昔はここを通ったんよ」

しかし、フェンスのそばには、人々が踏みならしたような跡はない。すぐ下は崖で、彦根と米原を結ぶ湖岸道路が走っている。

ようやく追いついて、西を見ると、広々とした湖に目を奪われる。昔は、このフェンスよりも向こうに、まだ岩場が続いていて、さらに向こうに琵琶湖を見越すことができたのだそうだ。

そして、堀川さんと登ってきた、フェンス伝いの、この道ならぬ道こそが、かつて磯と彦根を結ぶ近道だったのだ。彦根から磯に行くときは、まず、この道を上ってから、磯崎神社の参道に出た。そこから山を下って磯の集落まで降りたというわけだ。

昭和初期に、このフェンスのあたりで崖を削り、磯と彦根との間に湖岸沿いの歩道をぶち抜いた。それが「礒山の湖岸」絵はがきの光景だ。絵はがきの年代もまた、宛名面の構造から昭和初期と考えられる。おそらく歩道の開通からそれほど年月の隔たらない時期に撮影されたのだろう。そういえば、道の脇を固めてある石垣が、やけに新しく写っている。

眼下の道路脇にある岩のひとつを指さして、堀川さんが言った。

「ほれあそこ、あそこの岩でね、釣りをした。小学校のときよ」

その岩を確かめに、山を下り、湖岸道路沿いに戻った。「これ、この岩の上から、よう釣れた」と堀川さんはガードレールから身を乗り出して言う。

堀川さんの鮮明な記憶に驚くとともに、わたしは絵はがきの中の光景をまったくあなどっていたことに気づかされた。かつての礒山を知らないわたしにとって、絵はがきの景色は、ごつごつとした岩礁だらけの珍しい光景ではあるものの、その細部に分け入っていくほどの事情を持たない、ただの観光絵はがきの景色に過ぎなかった。しかし、じっさいにこの絵はがきに写された光景を幼少期に体験している堀川さんにとっては、そこに写された岩のひとつひとつが、指すことのできるものであり、それが次々と思い出を呼び起こすための手がかりになっている。

堀川さんの話を聞きながら、ある絵はがきコレクターの方の話を思い出した。長浜出身のその方のコレクションを拝見しているとき、アルバムの中に、いくつか、公園を写した白黒の絵はがきのシリーズがあった。取り立てて特徴のない絵はがきに写った小さな岩をさして、「この石、なつかしいなあ」と、彼は言った。

わたしには、どうということのない路傍の石にしか見えないのだが、彼は、「この石のこちら側にぼくの家があってね」と、写真の上の宙をなでるように動かす。

「ぼくはこの石によく座ったから、形をよく覚えているんですよ。ほら、こっちの写真の石にも座りました」と次の写真をめくると、なるほど、同じ公園の別の石が写っている。どちらも、何の形とも形容しがたく、ただの石としか言いようがない。彼も、何に喩《たと》えるでもなくただ「石」と呼ぶ。が、話をするうちにも「座ったことがある」という確かな感触が何度も蘇るらしく、「この石の向こうの港がね」とか「この石から見るとね」

と言う。あたかも絵はがきの中のその石が世界の基準になっているように話が進んだ。

普通の人なら見逃してしまうだろう、絵はがきの中のなにげない石や岩が、そこに立ったことのある人にとっては、特別な「石」、特別な「岩」となって、風景の中から浮き出してくる。

堀川さんの「岩」の記憶はさらに続く。「ここから沖に泳いでいくと、一カ所浅いところがあってね、そこに行くと子どもでも足が立つ」

沖にはただ周りと同じような波頭が立っていて、隠された湖底の地形を感じさせるような気配はない。しかし堀川さんには、岩から進んでずぶずぶと体が浸かった子どもが、しばらく泳いだところで思わぬところで起ち上がるところが、想像できるのだろう。はたして、あとで湖底地図を見ると、確かにそのあたりが隆起していた。これはかつて「八畳岩」と呼ばれた大岩で、明治以前には、湖面から顔を出していたこともあったらしい。

これだけの岩の由来が明らかになった以上、絵はがきの撮影場所は、このそっけない湖岸道路の脇であることはもう間違いない。それにしても、何か、昔の痕跡なりと探すことはできないだろうか。

絵はがきの中、遠く右方には、湖に岩礁が伸びている。そのごつごつした線に比べるとずいぶんと小さいのだが、やはり目の前の光景にも、右方にわずかに岩の並びがある。それが果たしてどのようなものか確かめようと、堀川さんと岸伝いに歩いてみた。

ここには昔、かねよ荘という旅館があり、その前にも大きな岩があったというのを土地の人から聞いたことがある。しかし、現在では、その影はない。そのかわりに白い研修所が建っている。

研修所の裏庭は岸になっており、そこから湖岸に向かって小さな岩が点々と伸びている。これがおそらく、かつての磯山の奇観の名残りなのだろう。草地の庭には、あちこちに柳が植わっており、ここが岩礁だったとはとても想像できない。

が、そのうち妙なものがあるのに気づいた。一見すると庭石に見えるものがあちこちに点在しているのだが、よく見てみると、どうも根元がやけに太いのだ。どうやら、それはただ石を埋めたものではなく、地中深くから突き出ているとおぼしき岩の頭である。もしかすると、岩礁を削った、その痕跡がこれらの岩頭ではないだろうか。

そう思って、露出している岩頭の前に立ち、湖を眺めると、うまいぐあいに、沖に向かって岩礁が一直線に伸びている。その先に見えるのは、多景島《たけしま》だ（図2－8）。

「この岩の並びはね、ずうっと向こうの島まで続いとるちゅう話やった。それで、昔は漁をするときに、彦根と磯のあいだのこのあたりでは網を引いちゃいかんという決まりだった」

堀川さんが言う。

図2－8　現在の研修所裏の浜から多景島を望む。岩礁の跡が手前にある。

どうやら、磯崎の岩礁は湖底の中でも高低しながら続いていて、網が横切ろうとすると断ち切られてしまうらしい。そう言われてみて沖を眺めてみると、なるほど、岩が並んでいるその先に、遠く多景島が見える。そして、そのさらに沖には「沖の白石《しらいし》」がある。

彦根から向こう岸までは、琵琶湖の中でももっとも東西の幅が広くふくらんだ部分だ。しかし、このふくらんだ部分は、ただ幅広いだけでなく、その湖底に、この岩のようなぎざぎざした突起が、横断しているのかもしれない。

「で、この岩場より南はヨシの原っぱでね、手長エビがよう捕れた」

堀川さんの手が示す方向には、彦根プリンスホテル、そしてミシガン州立大学連合日本センターがある。このあたりは、昭和四〇年代の琵琶湖総合開発によって埋め立てられ、分譲されたエリアだ。

絵はがきの撮影された頃から、湖岸はさらに何度も変貌を遂げた。まず、戦中戦後に、松原内湖と入江内湖は埋め立てられ、磯山の周囲は水辺ではなくなった。さらに琵琶湖総合開発が実行され、この崖の少し南に開けていたヨシの原は埋め立てられた。湖岸道路は拡張されて、岩礁は見る影もなくなった。

いまは、わずかに削り残された岩や、そのかけらのようなものが、湖岸に点在している。そのわずかに残された手がかりを、堀川さんは指し示していく。

岩の話は、まだある。

いま、磯山の崖下には、大きな不動様が彫られている。この不動様も、昭和初期の道路工事の際にできたのだそうだ。道路が出来る前、この磯山では、鋭い岸壁ゆえに、飛び降り自殺が起こることもあった。崖に彫られた不動は、そうした人々を弔うために彫られたものだという。

では、こうした不動様が出来る前の崖はどんなものだったのか。堀川さんは、「崖の横には洞窟が二つ空《あ》いとった」と言う。しかし、現在の切り立った崖には、それらしい穴はない。なんとかして、この絵はがきよりさらに前、明治期の磯山を写した写真がないかと思っていたところ、彦根の老舗写真館、渋谷写真館で、彦根と磯の間がまだ山越えでつながっていた頃の、明治期の写真を見つけた（図2-9）。

偶然にも、写真は、磯山絵はがきとほぼ同じアングルで撮影されている。それが証拠に、二本松の乗っている右側の岩の形は全く同じだ。その遠さから考えると、撮影ポイントはおそらく、烏帽子岩そばの、現在歌碑が立っているあたりではないだろうか。和服の少年が憩っている岩は、昭和初期の道路拡張によって削られたのだろう。

写真の陰影からは、そこに穴が空いているかどうかは定かではない。しかし、これだけの立派な岩礁が突き出ていたのなら、洞窟のひとつやふたつあってもおかしくはない。

図2-9　明治期の磯。おそらく現在の歌碑の下あたりから撮影されたものであろう。当時は磯と松原を結ぶ湖岸道路はなく、二つの村を陸路で行き来するには、崖の上を経由する必要があった。（渋谷博氏提供）

湖岸に道のなかった頃、磯は、こんな荒々しい岸壁によって、彦根と隔てられていた。当時の小学生がここを「日本一」と呼んだのも、それほど大げさなことばではなかったのだなと思う。

もちろん、この岩礁に匹敵する名所は、日本各地にあるだろう。しかし、岩のひとつひとつが克明に思い出される場所としての磯山は、唯一のものだ。

そんな場所とも知らず、たまたま堀川さんに出会い、一枚の絵はがきの力を借りて、崖っぷちをずんずん登ってしまった。その結果、堀川さんの指し示すあの岩やこの岩へと、想像の中でたどりついた。

そして、湖岸道路という水平面上の一本の線に過ぎなかった場所は、いまや、崖上、崖下、そこを覆う岩場でできた垂直世界の交わる立体世界として感じられる。

それは、わずか百円で買い求めた絵はがきから、始まったことだ。

烏帽子岩異聞

堀川さんとお会いして、ようやく磯の海岸のことがわかった、と思っていたわたしは、甘かった。

またしても、こちらを当惑させる絵はがきを手に入れてしまったのである。

それは、彦根市観光課が戦後に発行した「四季の彦根」というカラー絵はがきで、彦根の春夏秋冬が四枚の写真で表されている。そのうちの、夏の一枚に、磯の海岸が写っている（図2−10）。

タイトルは「烏帽子岩」。ところが、写っているのは、注連縄の張ってある岩のほうではなく、かつて海岸にあった、二本の松を頭に載せた大岩である。

どうやらこの、松を二本頭に据えた岩は、戦後にも存在したらしい。もしかすると、

図2-10　彦根市観光課発行の「四季の彦根」組絵はがき（戦後）から「湖岸烏帽子岩」。じっさいには烏帽子岩ではなく、千両岩が写っている。

図2-11　「湖東第一　彦根の印象」組絵はがき（戦後）から「磯湖岸烏帽子岩」絵はがき。

この大岩をかつては「烏帽子岩」と呼んでいたのだろうか？

そう思っていたところに、さらに別の磯の絵はがきが手に入った（図2–11）こちらは「湖東第一　彦根の印象」と題された組絵はがきで、やはり磯の絵はがきが一枚含まれている。同じ組に、大洞を埋め立てた絵はがきが入っているところからすると、戦後のものだろう。ところが、これには、注連縄が張られている岩の写った絵はがきがあり、「烏帽子岩」と題されているのである。

どちらが本当の「烏帽子岩」なのだろう。

烏帽子岩は、戦前に作られた「彦根小唄」（作詞：松本勝、作曲：谷歌水）にもその名前が挙がる名所である。

千々の松原今でもつゞく
北は磯山烏帽子岩
おやゑぼし岩

その、名所たる烏帽子岩がどの岩か分からないのでは困る。

もうひとつ気になることがある。二本松を頭に据えた岩は、明治の写真から戦後の絵はがきにいたるまで、ずっと海岸の写真に写り込んでいる。ところが現在は、この岩にあたるものが見られない。岩は、いったいどこに行ってしまったのだろう。

磯の元区長で、かつての事情に詳しい酒居久一さんにお話をうかがった。酒居さんは一九三五年（昭和十年）生まれで、湖岸道路拡張前の光景のことも覚えておられる。二本松のある岩を見た酒居さんは即座に「ああ、これは烏帽子岩ではありませんね」と言う。

「これは別の名前があってね、『センリョウイワ』と言うんです」

「センリョウ、というのは……」

「千両箱の千両です」

なんでも、昔、この岩を根元から切り取って玄宮園に持って行けたら千両やる、と誰かが言ったのが名前のもとだという。

千両岩は五メートルほどの大岩で、じつは近年まで残っていた。かつて湖岸にあった料亭「かねよ荘」の玄関近くに千両岩は立っていて、岩のそばをすり抜ける形で、かね

図2-12　孔版画（謄写版）で印刷された彦根スケッチ絵はがきより。（サンライズ出版提供）

よ荘の中に入ったり、裏の浜辺に行くという趣向だった（図2-12）。

しかし、やがて昭和も終わりに近づいた頃、「かねよ荘」は閉まり、土地の持ち主が代わり、岩は削られてしまったという。

残念なことだ。昔から連綿と続くこの岩を含む景色に思いを寄せる人が多かったならば、あるいはもう少し違う結果になっていたかもしれない。

烏帽子岩は、千両岩から北にしばらく行ったところにある岩で、いまは注連縄が張られている。北から見たときの形が烏帽子のようなので、烏帽子岩。近づいてみると、南側の小さい岩と北側の大きい岩が重なって見えるので「結《むすび》の岩」とも呼ばれている。先の絵はがきに「烏帽子岩」と題した人は、おそらく岩の形をはっきりと知らなかったのだろう。

さらに、この烏帽子岩は、遠く西岸の白鬚《しらひげ》神社の名前をとって、白鬚御影《みかげ》岩とも呼ばれていた。対岸の白鬚神社の社前にいたる通路と考えられていたのだ。

現在は、湖岸道路によって、陸の岩肌と湖岸の烏帽子岩とが寸断されており、そのあいだに連続している感じはない。

しかし、古代には、険しい岩礁の岩肌が、そのまま湖に連なって降りていき、その先に烏帽子岩がある、という景色だったのだろう。磯崎神社に立つ者は、眼下の烏帽子岩を見下ろして、さらにその先、湖の沖合いにまで、その想像力を伸ばしていったに違いない。水際の中に突き出し遠く対岸に向かう岩々を見て、その連なりに思いを乗せ、向こう岸に感覚の触手を伸ばしていく。

対岸の神社の名前をとった「白鬚御影岩」という名は、そんな古代の人々の感性の表れなのかもしれない。

次々と岩の話を続けるうちに酒居さんが思い出したように言った。

「昔は、磯の字は石へんに義という字を書いたんですよ。なんでも、義のつく「礒」のほうが岩がちであると聞きました」

それで、ふと手元の昭和初期の絵はがきを見ると、「礒崎の湖岸」という題字は、確かに、石へんに義をあてているではないか。それが、後年の絵はがきになると、石へんに幾へと変わるのである。

白川静『字訓』の「磯」の項には、「荒波のうちよせる水辺の石崎《いそざき》・岩浜の地をいう。そこは多く聖地とされた」。それだけでなく、酒居さんの指摘通り、万葉集では、石へんに義の「礒」を多く用いたのだとある。「礒は石巌なり」「磯は水中の磧《せき》」。岩の記憶は、「礒」という旧字にも刻まれていたのである。

さて、これで、ようやく烏帽子岩がなんであるか、はっきりした。モノクロの「磯湖岸烏帽子岩」（図2-10）のほうが正しかったのである。

ここで改めて、絵はがきを見直して見ると、烏帽子岩付近にも、ずいぶんと変化がある。現在歌碑のある石垣には松が植わっているが、かつては別の樹が植わっていた。烏帽子岩には、注連縄が張られていなかった。そういえば、磯の古老に、「あの注連縄は最近になって張ったのよ」と伺ったことがある。

改めて絵はがきに見入っているうちに、あっと気がついた。

烏帽子岩の手前、カメラの一番近くに写っているのは、堀川さんの言っていた「釣り」の岩だった。

三章　遠い客船

「彦根波止場」絵はがき。図３－１と違う出所のものだが、手前の汽船の位置と形がほとんど重なり、橋影の長さもほぼ同じである。短い時間をおいて撮影したものかもしれない。（野瀬正雄コレクション）

図3-1 「近江彦根　波止場桟橋の景」絵はがき。（野瀬正雄コレクション）

長曽根の遺構

蒸気船から煙が上がっている（図3−1）。うしろには幌がかかっており、その下に人影が見える。客は十数人というところだろうか。船はいましも桟橋を離れるところ、その桟橋の上には小さな木製とおぼしき小屋が設えてある。待合室だろうか。手前を行く人の大きさからすると、橋は身の丈余りの幅、木板を並べた華奢な作りだ。

絵はがきの題には「近江彦根　波止場桟橋の景」とある。ただし、これは現在の彦根港のかつての姿ではない。明治から昭和初期にかけて存在した、長曽根港の姿だ。

長曽根町の岸側に港があった、といっても、

図3-2　現在の長曽根港遺構。

いまそのことを想像するのは難しい。

湖岸を南から松原に向かって進む。芹川《せりがわ》を渡って白山《はくさん》神社を過ぎたあたり、ショッピングセンター「カインズ」（近江絹糸工場跡地）の斜め向かいの湖岸を注意してみると、少し沖合に古い木の杭がいくつか並んでいる。

近所の方にうかがうと、この、うっかり見逃してしまいそうな杭の並びが、長曽根港の遺構なのだと言う。琵琶湖の水位が低いときに来れば、桟橋の橋桁の跡が水面上に現れるので、かつての橋の形がよくわかるのだそうだ。

そこで、晴天続きの日を狙っていくと、なるほど、水位の下がった湖面に、岸から沖へと続く桟橋の遺構が顔を出している（図3-2）。

明治期に撮影された絵はがきのコピーをかざ

して、湖岸道路沿いの土手に立ってみる。何度か位置とアングルを変えてゆくと、土手の中腹、杭を斜めから見下ろすあたりに、目の前の杭と絵はがきの中の杭の並びとがぴったり重なるポイントがある。やはり、ここなのだ。

絵はがきの中の船は、杭の外側に写り込んでいる。

もし杭が防波堤の役割を果たしているなら、船は内側に停まるはずだ。ということは、この杭は、波を防ぐというよりも、むしろ内側からの土砂をせき止める役割をしているらしい。

一九一七年（大正六年）生まれの西尾新次郎さんは、長曽根港時代のことを覚えておられて、「ちょうどここのところに船が停泊したですよ」と、絵はがきに写った横並びの杭を指された。

実際、長曽根は水深が浅い砂地の浜辺である。大型船が乗り入れるためには、岸から流入する土砂を途中でせき止めて、水深を確保しなければならない。

水深を掘り下げたことは、史実にも見える。『彦根市史』によれば、一八九二年（明治二十五年）、長曽根港からは「（舟）七〇〇隻分の砂石が除かれた」という。杭は、砂石が再び水底に流入するのを防ぐ役割を果たしたのだろう。

しかし、一八九六年（明治二十九年）夏、彦根は大水害に見舞われ、せっかく作られた長曽根港の桟橋は流されてしまった。ちなみに、この大水害は港のみならず、田畑に大きな被害を与え、八坂、松原、磯から、カナダ移住者が増加するきっかけとなった（「二章　岩の記憶」参照）。

遊覧船の始まり

明治以降、彦根の港の歴史は、長曽根港、旧彦根港、そして現在の彦根港、という順に受け継がれていく。

『彦根市史』によれば一八八二年（明治十五年）に、「太湖《たいこ》汽船」が設立され大津・長浜間の航行が始まった。さらに一八八四年（明治十七年）、長曽根が開港し、彦根の主要な港となった。

もともと長曽根港は、貨物運送を目的として開かれた港だった。しかし、一八八九年（明治二十二年）に東海道線が全線開通すると、貨物輸送の役割は鉄道のほうに移ってしまった。そこで、太湖汽船は方針を転換し、船舶は主に遊覧船の機能を持たせるようになった。

一八九六年（明治二十九年）の水害から復旧し、構造を補強した長曽根港は、その後、大型客船時代を迎えることになる。太湖汽船は、八景丸（一九〇七年／明治四十年）、竹《ちく》生《ぶ》丸、多景《たけ》丸（一九〇九年／明治四十二年）、白石丸（一九一三年／大正二年）、日吉丸（一九二〇年／大正九年）、みどり丸（一九二二年／大正十一年）と、数年に一度のペースで、新しい客船を導入していった。

中でも「みどり丸」は定員四百人、三階建ての豪華客船だった（図3-3）。一九二二年（大正十一年）五月、英国皇太子が来日の際に乗船したこともあって、琵琶湖の遊覧船を代表する存在となった。

一九二六年（大正十五年）の太湖汽船のパンフレット（図3-4）には、琵琶湖は「日本のスイス」とうたわれている。

「御家族連れの御行楽に御招客に運動会等の御催しには是非共世界の公園日本のスイスと讃えられる琵琶湖へ御来遊を御願致します。（中略）

弊社は多年優秀な十数隻の客船を以て日々琵琶湖各港間及竹生島行の航行を営ん

図３-３　「琵琶湖名所絵はがき」から、みどり丸。昭和８年以前。

図３-４　1926年（大正15年）発行の太湖汽船のパンフレット

で居ます。（中略）殊に琵琶湖周遊竹生島詣りに就航のみどり丸及竹生島丸は其船室の佳麗速力の軽快なる事は申す迄もなく総て文化的設備を完備し御来遊客各位の御待遇には極力御便利と御満足を得る様只管心がけて居ります」

「速力の軽快なる事」とあるものの、鉄道に比べると、船の旅はじつにゆったりとしたものだった。

小説「蒲団」で有名な田山花袋は稀代の紀行文作家で、琵琶湖についても「温泉周遊西の巻」（一九二二年／大正十一年）で忌憚のない文章を書いている。

「琵琶湖は何と言っても、奥深く入って行かなければ駄目であった。三井寺、石山寺、唐崎の松、阪本──あそこいらだけでは決して琵琶湖を本当に見たとは言えなかった」

湖東・湖西・湖北の魅力に親しむ者なら、大きくうなずきたい一文だ。が、さらに続きがある。

「唯、残念なのは、その汽船の速力の遅いことであった。大津から竹生島あたりまで少くとも六、七時間はかかった。従って、場合によっては、汽船の中で一夜寝て行く方が便利なくらいであった。夜の八時に大津を出帆した汽船は、翌日の夜明けでなければ長

図3-5　「沖の白石とみどり丸」絵はがき。昭和8年以前。

浜に着くことは出来なかった」

当時は現在のような高速艇はなく、速力の遅い汽船だったので、船旅もずいぶんとのんびりしたものだったのだ。このあと、急行船ができて、大津―竹生島間の所用時間は約四時間半（「近畿行脚」一九二八年／昭和三年）となったが、それでも陸の旅に比べれば、よほどゆっくりしたものであった。大型客船みどり丸の場合、琵琶湖一周に八時間半かかった（図3―5）。

長い船旅を慰めるべく、みどり丸には、当時としては贅沢な、さまざまな装備が備わっていた。

再び一九二六年の「太湖汽船パンフレット」

を読んでみると、その工夫のほどが偲ばれる。

たとえば、「特等室及並等室にはそれぞれ『ラウドスピーカー』を備付けて音楽を奏し芸人を乗組しめて余興を演ぜせしめ」「名所史蹟は詳しく御説明申上げます」などとあり、音曲で船客を迎え入れていたことが分かる。いまから見れば、スピーカーで音楽を流すなど、どうということはなさそうに感じられるが、当時は、NHKのラジオ放送が始まって間もない頃で、国産のレコード（一九二八年）も発売されていなかった。船内で音楽が流れるだけでも画期的だったのである。

さらには、「出航入航の際は元より航行中も本船専属のバンドは勇壮な音楽を奏して興を加え」とあるように、専属のバンドによる演奏もあった。最近の琵琶湖周遊船ミシガンでのデキシーランド演奏に似た試みが、戦前からあったのだ。

「各室共絨毯を敷き詰め暖房電扇を備付け酷暑の候は花氷を飾り」とあり、当時には珍しく、冷暖房も整っていたことがわかる。

遊覧船は、鉄道の速さに対して、そのホスピタリティによって勝負していたのである。

一九二七年（昭和二年）、運河の奥、現在の彦根市立図書館脇に新しい港湾ができると、長曽根港は、主要港としての役割を終えた。

戦後の長曽根は、ヨットハーバーや貸しボートのある、手軽な行楽地として、しばらくのあいだ親しまれた。波止めと岸の間は浅瀬で、ぼてじゃこや手長エビがたくさん集まっていた。

遠く、湖に浮かぶ客船が、ゆっくりと近づいてきて、長曽根のすぐ北にある運河の方に船首を向け、お城のほとりへしずしずと吸われていく。長曽根から見える遊覧船は、もはや迎え入れるべき客船ではなく、ゆっくりとその位置を変えながら時の経過を告げる時計となった。

絵はがきの時代推定いろいろ

絵はがきの年代を推定する方法にはいくつかある。

通信文が書かれた時代をいちばん確かに推定する方法は、文の末尾にある日付である。年月日が書かれていればしめたものだ。使用済みの絵はがきであれば、郵便局で押された日付印もよい手がかりになる。

ただし、絵はがき自体の発行年代を推定するとなると、話はもう少し複雑になる。実際に使われたときよりずっと以前に発行された古い絵はがきかもしれないからだ。

絵はがきの発行年代を知るには、宛名面にほどこされた通信文のスペースの大きさが手がかりとなる。一九〇〇年（明治三十三年）に日本で絵はがきが許可された当時、宛名面には通信文を書いてはいけなかった（図1）。このため、古い絵はがきの宛名欄には、通信文はなく、絵の面の余白に通信文が書き込まれた（図2）。

しかし、一九〇〇年を過ぎた頃から、絵はがきの絵を文章から独立させ、通信文を宛名面に書き込む方式がヨーロッパ各国で採用されるようになってきた。これを受けて、一九〇六年（明治三十九年）十月、外国用はがきに限って、宛名面の二分の

図1　明治33年ごろに発行された絵はがきの宛名面。通信欄がない。

図2　明治38年に投函された絵はがき。余白にびっしりと書き込みがある。この頃は宛名面に通信欄がなかったため、こうして絵の余白にメッセージを書き込んだ。

一に通信欄をほどこすことが許可された。
ただし、内国用絵はがきに通信欄がほどこされるのは、もう少し後、一九〇七年（明治四十年）四月になってからで、しかも宛名面の三分の一と、外国用絵はがきより少し狭かった（図3）。これが二分の一に改正されるのはさらにのちの一九一八（大正七年）である（図4）。

整理すると、国内用の絵はがきに限って言えば、通信欄のないものは、一九〇六年以前のもの、通信欄が三分の一のものは一九〇六年以降のもの、通信欄が二分の一のものは一九一八年以降のものということになる。

通信欄以外にもうひとつ手がかりがある。宛名面の上にある「郵便はがき」の文字である。この文字は、最初は濁点がなく「郵便はかき」だったが、一九三三年（昭和八年）に濁点がついて「郵便はがき」となった（図5）。私製絵はがきでどこまでこれが厳密に守られたかはわからないが、おおよそ一九三三年以前と以降で絵はがきを分類することができる。

絵はがきに使われている写真の撮影年代推定となると、発行年代の推定よりもさらに難しくなる。というのも、絵はがきには、発行年よりずっと以前に撮影された写真が再利用される場

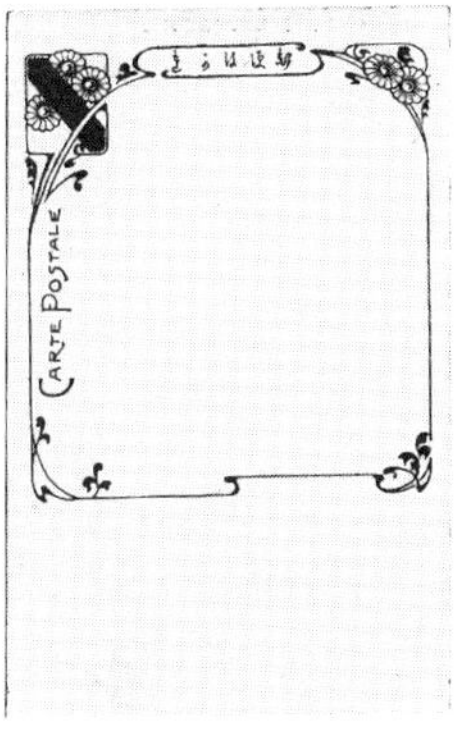

図3　通信欄が三分の一だけ用意された絵はがき。ただ通信欄を仕切るだけでなく、切手欄と合わせてアール・ヌーヴォー調のデザインがほどこされている。

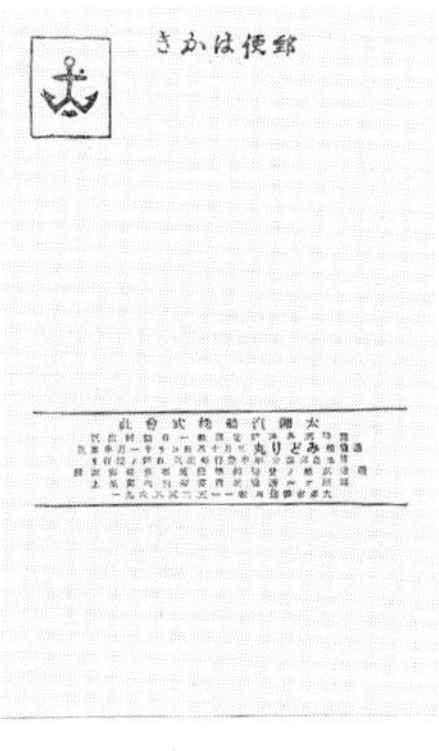

図4　太湖汽船発行の絵はがき（昭和初期）。通信欄が二分の一になっており、宣伝文がほどこされている。

合も少なくなかったからである。

明治中期頃には、居留地を訪れる外国人用のお土産に、「横浜写真」と呼ばれる日本の風物を写した写真が流通していた。彦根の玄宮園を写した図6、7の絵はがきも、横浜写真に全く同じものがあるところから、絵はがきの発行時期よりもかなり古いものである可能性が高い。絵はがきにこうした写真が流用された場合、撮影年と発行年とのあいだには大きな開きができてしまう。

たとえば通信欄が三分の一の絵はがきの場合は、写真が撮影されたのは「少なくとも」大正七年以前である可能性が高いが、大正七年以前のいつなのかということになると、写真自体を検討しなければ答えることはできないのである。

結局のところ、絵はがき写真の撮影年代を正確に推定するには、はがきの体裁だけでなく、写真に写り込んでいる事物の中から、特定の時代を示す手がかりを見つける作業が必要となる。

図6　「彦根の池」と題された、玄宮園の絵はがき。裏の通信欄は三分の一で、明治四〇年以降のものと考えられる。

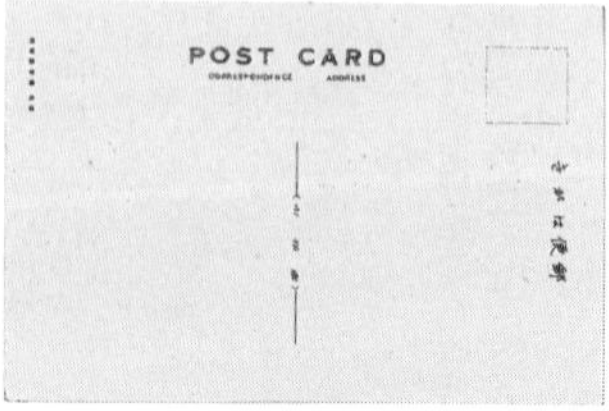

図5　戦後、彦根市観光課が発行した絵はがきの宛名欄。上部の文字が「郵便はかき」ではなく「郵便はがき」と濁点がついている。戦後もしばらくは文字は右から左に書かれていた。

図7　図6とまったく同じ写真を用いた絵はがき。裏の通信欄はなく、明治四〇年以前のものと考えられる。しかし、写真じたいは横浜写真に同じものがあるので、おそらくさらに時代を遡ったものである。

四章
港湾を遡る

「近江彦根　城山より佐和山石田三成の城趾を望む」絵はがき。明治もしくは大正期、新港湾ができる以前の風景。手前の三角屋根はかつての彦根公会堂。

彦根シャンソンと島巡り

昭和初期に発行されていた楽々園の絵はがきに「彦根小唄と彦根シャンソン」という小さな冊子がついていた。中には、松本勝氏作詞、谷歌水氏作曲による「彦根シャンソン」の歌詞が載っている。

謎と伝説想いをのせて
めぐる汽船のきえゆくあたり
彦根詩の湖　夢の街

船は出て行く彦根の港湾《みなと》
かすむ多景島あの竹生島
わすれまいぞえ島巡り

むかし、港《みなと》は町に近かった。それを土地の人は港湾《こうわん》と呼んだ。「めぐる汽船のきえゆく

図4-1　港湾ができた後の城山から観た風景（戦後）。扉の写真と比べると、画面中央に大きな運河が掘られていることがわかる。

あたり」と歌われた通り、汽船は港湾に吸われて湖から消えた。

湾《わん》と呼ばれたのには理由がある。彦根の浜から運河を遡ると、彦根市立図書館の横に広がっている湾にたどりつく。現在は休日になると、静かな水面に釣り人が竿を投げる場所になっているが、一九二七年（昭和二年）から一九六七年（四十二年）までの間、ここが彦根港だった（図4-1）。

現在、図書館の駐車場の横には、階段状に護岸された船着き場が残っている。ここには橋本汽船の小型船が発着した。その向かい側、運河の北岸には、太湖汽船の乗り場があって、大型の観光船が着いた（図4-2）。

かつて、観光船は、現在の港よりもずっと城の奥の方まで遡ってきたのである。

一九二七年、港の竣工と同時に、松原には回転式の橋ができた。

「船を入れるために橋を回転させる」と言っても、若い学生にいざ説明すると、きょとんとされることが多い。そもそも、当の回転橋がいまでは失われているので、思い当たりようがないのだろう。

小さな船ならともかく、大型の観光船が運河を遡るには、橋が邪魔になる。そこで、港を開くにあたって、松原にある橋を九〇度回転させて船を通すと

図4-2　図4-1の拡大。港湾の北側には太湖汽船の遊覧船が停泊している。

いう大胆な案が持ち上がった。こうしてできたのが、「回転橋（回旋橋）」である（図4-3）。

回転は人力である。

橋のおよそ三分の一のところに、回転軸がある。回転させるには、そこに大きな回転棒を差し込んで、二人の力で回す。

人々は岸だけでなく、板張りの橋の上にごとごとと上がって回転を待った。橋の欄干につかまっていると、橋があたかもゴンドラのように、川の上を移動していく。ちょっとしたアトラクションである。そこに観光船がやってくる。四百人乗りの大きな「みどり

図4-3　「彦根新港湾」絵はがき。客船の左に回転橋。右側の岸には橋が戻るのを待つ人々が立ち並んでいる。（野瀬正雄コレクション）

丸」も、橋と岸すれすれのところを通り抜けていく。船上の人々と橋上の人々との目が合って、つい笑みがこぼれ、手を振ってしまう。船の乗客にとっても、これは楽しい光景であった。

　しかし、一九六七年（昭和四十二年）、松原の浜側に、新しい港が作られ、港湾は廃港となり、回転橋は撤去され固定橋となった。

　回転橋が固定橋に代わった、というと、今日まで回転していたものが、次の日には新しい橋になっていたように聞こえるかもしれない。しかし実際には、回転橋の廃止が決まったのが一九六七年、新しい橋ができたのが一九七〇年（昭和四十五年）で、ずいぶん長い時間がかかっている。

新しい橋がかかるまでの三年間、松原には仮の橋が架けられていた。しかし、じつはその仮の橋ができたのは回転橋撤去の三日後だった。この三日間の空白の間、西尾新次郎さんは、橋が不在のその期間、丸子船を使った無料の渡し船を漕いでいたのだという。新次郎さんは昭和の初め、丸子船の時代からずっとこの港湾を使ってこられたので、川底のどこが砂利でどこが砂地か、きちんと頭に入っている。もちろん櫓で丸子船を漕ぐのはお手の物だった。船に平たい甲板を敷いて、人だけでなく自転車まで渡した。昔の風情が味わえるというので、当時の新聞にもこの渡しは取り上げられた。

運河を行く

松原橋が固定された現在、運河を行く定期観光船は出ていない。

二〇〇七年（平成十九年）、この運河を屋形船が臨時に航行することになった。彦根城・築城四〇〇年祭に合わせて、オーミマリンが春から秋までの限定で、かつての運河を往復する船を出すことになったのだ。かつての水上からの眺めを体験する絶好の機会を逃す手はない。さっそく乗ってみることにした。

船長さんは、西尾新次郎さんのご子息の昌良さんだった。

現在の彦根港を出発して、広々とした湖を眺めてから、河口へと入っていく。そこからすぐに、かつて回転橋だった松原橋をくぐる。「その頃は、この橋のたもとにシジミの殻が山のように積まれてたんですよ」と昌良さんは言われる。松原ではシジミがよく取れて、大人ならドンゴロス一袋分になった。それを剥きシジミにして売った殻が、この河口近い橋のたもとに積んであった。

かつての船客たちは、そんな貝殻に、水と陸との境のしるしを感じながら、港へと入っていったのかもしれない。

橋からしばらく遡ると、遠く天守閣が、木陰からその姿をのぞかせる。ゆっくりと、見える角度が変わっていく。

運河を遡るというのは、ふだんの船旅では味わうことのできない、ちょっと独特の感覚だ。遮るもののない湖から、両側を岸辺に挟まれた河に入る。陸を歩く人々を間近に見ながら、船はゆっくりと彼らを追い抜いていく。目があって、軽く挨拶を交わすほどの、ゆったりとした別れがある。

広々とした湖から運河へと、途切れることなく続く悠然とした時間。あえて大げさな言い方をすると、赤絨毯を踏みながらそのまま奥座敷まで上がり込むような、精神的な贅沢を味わっている感じがする。この、町の中心部まで途切れることなく遡っていく感覚は、浜から車で乗り継いだのでは味わうことはできないだろう。

午後の太陽で照らされた水面からは、日なたの磯の匂いがする。のぞき込むと、水中はものすごい量の藻でいっぱいだ。運河は、客船を入れるために水深四メートルまで掘り込んであるはずなのだが、水面近くまで藻が繁殖しているのが見える。ときどきプロペラに藻がからまって船が停止することもある。「ずっと船が通らないとこうなるんですわ」と昌良さんは言う。

運河一面に生えているのだから、人力ではどうにもならない。そこで、こうした藻を刈る専用の「藻刈り船」があって、これを使って一気に藻をすくい上げるのだという。今回の臨時便を出す前には、この「藻刈り船」で藻を一掃した。それでも、夏が近づくとまた大量の藻が出るそうだ。

運河の北側に沿っている道も、かつてはこれほどは広くなく、途中から松原村の中へと続いていたという。そういえば、戦後すぐの絵はがきには、汽船乗り場から続く道が写り込んでいる（図4－2）が、道幅はさほど大きくない。往来は、いまよりずっとのんびりしたものだったのだろう。

図書館横の、かつて橋本汽船が着いた船着き場に到着する。いまは、水没した階段と艀《はしけ》の跡だけが見える、堀の行き止まりのような場所だが、こうやって船が着くと、改めて港の空気が蘇ってくるようだ。小路を抜ければすぐに内堀があり、埋木舎《うもれぎのや》がある。大通りを歩けばすぐに駅前通りがある。玄宮園と楽々園は、運河のすぐ裏手だ。この港は、城にも町にも近い。

彦根駅のすぐそばまで船が来ている、ということは、おそらく当時の彦根の観光にとって、無意識に訴える重要な感覚だったのではないだろうか。

湖の港で、しかも遊覧船だから、海辺の港湾のような、のっぴきならない船出や別れの港ではない。港町の歌によくある、悲しい男女の別れ文句は似合わない。

行き先は、湖上に忽然と浮かぶ、岩礁で覆われ神さびた島である（図4－5、6）。「船は出て行く彦根の港湾　かすむ多景島あの竹生島　忘れまいぞえ島めぐり」。運河のすぐ裏手の楽々園で、あるいは少し離れた花街で、彦根シャンソンを口ずさむとき、その「島めぐり」の気配が港湾から漂ってくる。港湾は、気が向けばふらふらと行ける距

図４－４　太湖汽船の発行した絵はがき入りのし袋。「琵琶湖島巡り御記念」とある。戦前。

図４－５　図４－４の袋に入っていた絵はがきのひとつ。竹生島・多景島を写した絵はがき。

図４－６　多景島参拝記念のスタンプが押された絵はがき。日付は大正14年４月27日。（野瀬正雄コレクション）

離にある。明日、その神さびた場所に足が向いてしまうかもしれない。
そう思いながら飲む酒は、少しばかり浮世離れした味がしたのではないだろうか。

五章

湖月楼《こげつろう》

「湖月楼納涼台」絵はがき。

図5-1　湖月楼絵はがき。戦前。（野瀬正雄コレクション）

涼みの場所

変わった組絵はがきがある。どれもタイトルには「湖月楼納涼台」とある。

屋根付きの納涼台は吹き抜けで、下げられた提灯が風で揺れるのさえ感じられるようだ。そのそばには、一隻のボートが止まっている。手前の手こぎのボートとは違って、手すりがついた大型のものだ（図5−1）。

もう一枚の絵はがきを見ると、ボートには二人の女性が二人乗っている。日本髪を結った頭がくずれないように、洋風の帽子をちょんと載せ、水着姿でポーズをとっている。ファッションからすると、どうやら昭和初期に撮影されたもののようだ。

図5-2　湖月楼絵はがき。（野瀬正雄コレクション）

舳先には、三角旗があって「湖月」の文字が見える（図5−2）。どうやら、ボートは「湖月楼」の持ち物らしい。納涼台に来た客に船遊びを楽しんでもらうという趣向だったのかもしれない。

納涼台の向こうには遠浅の松原が広がっている。「近江彦根」とあるのだが、いまの彦根で、こんな優雅な浜辺を見た記憶がない。どこで撮影されたものだろう。

まずは馬場町のあたりで、絵はがきのコピーを持って、道行く人に尋ねてみた。「昔の湖月楼のことを調べているのですが」と絵はがきを差し出すと、お年寄りからは、「おお、なつかしいねえ」とすぐに反応が返ってくる。

馬場二丁目のお年寄りは「ぼくらは子ども

のとき『涼み』言うてたけどね」と運河の向こう岸を指して言われる。「そこから、うなぎのええ匂いがこの辺までしてきたもんよ」

川をはさんで隣町までもその匂いでうらやましがらせた湖月楼は、昭和四十年代まで絵はがきに写っている湖岸で納涼台を営業していた。かつてのお話を伺うために、湖月楼の三代目、吉原利夫さんをたずねた。

吉原さんによれば、湖月楼が創業したのは一八八九年（明治二十二年）のこと。初代の中川吉之助は、淡水魚のハスがよく取れる夏に、屋根付きの納涼台を出すアイディアを思いついた。湖を直に眺めながらハスの塩焼きや味噌をつけた魚田《ぎょでん》、そして鰻料理に舌鼓を打つ。琵琶湖畔ならではの風情が話題になり、多くの客で賑わった。

戦後も納涼台の営業は続いたが、昭和三十年代から四十年代にかけて周囲の様子が変わってきた。松原の北に新しい港が作られることになり、浜の景観は築港工事で遮られるようになった。

新しい港の建設によって、湖月楼も変わった。納涼台は撤去され、湖月楼は松原交差点そばの新築の建物で営業を続けた。その後も、鰻のすき焼きや鴨鍋を楽しむ客で賑わったが、近年閉店された。

それにしても、かつての納涼台は正確にはどこにあったのだろう。「造船所のあたり」という吉原さんの話を頼りに、彦根港に出てみた。

ところが、造船所はすぐに見つかったものの、納涼台の跡らしきものが見つからない。普通なら、絵はがきの中のいくつかの手がかりがきっかけとなって、おおよそ自力で撮影場所が特定できるところなのだが、ここはあまりにも周囲の様子が違っている。

誰か往事の様子をご存じの方がいないかと近くを尋ね歩くうちに、かつての納涼台のすぐそばに住んでおられる牧野博夫さんにお話をうかがうことができ、ようやく詳しい場所を特定することができた。

絵はがきの中に、ちょうど昔の納涼台への入口付近から撮影されたものがある（図5－3）。この絵はがきの左手、陰になっているところに座敷と調理場があった。これは現在の小栗造船所の隣にあたるという（図5－4）。

そこから納涼台が三つあり、さらに先が現在の水上警察にあたる。かつては、この水上警察のあたりはただの広場で、先は突堤になっていた。

それにしても、ずいぶんと変わってしまったものだ。写真では手前から木板で橋渡しがされており、その下は岩と砂浜の見える納涼台がある。ところが、いま、同じ位置に

図５‐３　湖月楼絵はがき。（野瀬正雄コレクション）

図５‐４　図５‐３の現在の様子。湖岸は埋め立てによって拡張され、コンクリートで護岸されている。

立ってみると、納涼台があったはずの場所には広々とアスファルトの道路が通っており、岩と砂浜のあった場所は埋め立てられ、駐車場となっている。岸は護岸で固められており、向かいに伸びた防波堤には釣り客が竿を伸ばして並んでいる。

目を北東の浜沿いに向け、絵はがきと重ねてみると、さらに景色が激変しているのがわかる（図5–5、6）。絵はがきには遠く磯山の稜線が見えているから、これにうまく合わせるようにカメラを構えれば、おそらくかつての撮影場所とさほど変わらないはずなのだ。

しかし、山の手前にある浜辺の光景はまったく違っている。絵はがきでは、浅瀬の松原が手前から磯山のほうにずっと伸びており、納涼台の橋桁にしゃがみ込んだ人が、それを眺めやる格好になっている。それに対して、現在では、手前の浜はすべて護岸工事によって固められ、新しい港ができ、防波堤によって水平線が遮られている。これはまた、ずいぶんと思い切った工事をしたものだ。絵はがきに写された風光明媚な納涼台からの景色が、新港の建設によってほとんど失われたことがわかる。

かつての岸辺のあとがどこかに残っていないかと思い、あたりを歩いていると、民家の入口に古い石垣があった。目の前にじっさいに石があるのを見ると、絵はがきの中の

図5-5　湖月楼絵はがき。北東の松原（写真右）、磯方面が写っている。（野瀬正雄コレクション）

図5-6　図5-5の現在の様子。松原は新港の建設によって一部が護岸されている。

石がどれくらいの大きさか、おおよそ見当がつく。絵はがきを実物サイズの世界として感じるためには、こうしたちょっとした手がかりをイメージの種として使うとよい。湖月楼の写真に見える、ごろごろと大きな石は、あるいはこの目の前の石のように積まれていたのかもしれない。そう思ってイメージを膨らませていくと、次第にかつての浜辺が、コンクリートの護岸の上に広がってくるようだ。

回転橋時代

昭和二十年代に幼少時代を彦根で過ごした吉原さんにとって、なんといっても懐かしいのは松原の回転橋だそうだ（「四章　港湾を遡る」参照）。湖月楼の居間には、かつての回転橋を写した写真が飾られている。

吉原さんの子ども時代には、午前十一時半に船の出入りがあった。午前十一時はちょうど小学校から帰ってくる頃にあたる。吉原さんは、回転させるのを見るのが楽しくて、橋の上に乗って回転役の人の「尻をついてまわった」こともあったという。

一九六七年（昭和四十二年）九月には回転橋は廃止され、一九七〇年（昭和四十五年）三月に、固定された松原橋となって復活した。新港の竣工とともに、松原の浜の風景は激変し、湖月楼の納涼台は取り払われた。

回転橋のあった時代は、旧彦根港のあった時代であり、観光船が運河を遡り、城のすぐ足下まで入り込んでいた時代だった。それは、まだ新港がなく、松原がいまよりも広かった時代、そして、湖月楼の納涼台があった時代でもあった。彦根に長く住まう人々が「回転橋」というときになんとも言えない懐かしい表情になるのは、それが、ただの古い風物ではなく、かつての彦根港や松原の記憶につながっているからだろう。

絵はがきの中に見える、納涼台からの眺めは、そんな「回転橋時代」の風景なのだ。

古い絵はがきは質がよい

古い絵はがきの中でも、日露戦争前後から大正中期にかけての絵はがきには、階調が細かく、風景の細部までよくピントが合っているものがある。

こうした解像度の高い絵はがきを、よく見ていくと、思わぬことを発見できる。道行く人の衣服の流行、看板や幟《のぼり》の文字、樹影の形。ちょっと見ただけでは気づきにくい豊かな手がかりが絵はがきには埋め込まれていて、それをたぐっていけば、写真が撮影された時代がわかることがある。

高画質の絵はがきに埋め込まれている細部を十分に広げるには、拡大して見るのがよい。虫眼鏡もいいけれど、おすすめは、質のよいコピー機で拡大するか、スキャナで取り込むこと。いちいち拡大する部分を選ぶ手間が省けるし、絵はがき全体を拡大することで、そこに写されている街並み、山や湖の空気感が思いがけないほど膨らむ。だまされたと思って一度お試しいただきたい。じっさい、絵はがきの画像を大きなモニタで見たり、プロジェクタで等身大ほどに投射すると、文字通り、絵はがきの中に入ることができるかと錯覚するほどの現実感が生まれる。

図8　戦後に発行された彦根市観光課「四季の彦根」から。カラー絵はがき。

図9　図8の拡大。三色印刷のため網点が見える。

それにしても、なぜ古い絵はがきの質がよいのだろう。もし印刷技術が時代を経るにしたがって向上しているのだとしたら、むしろ時代が新しくなるほど絵はがきの質がよく、解像度も高いはずだ。

その秘密は、印刷技術の変化にある。

試しに最近のカラー絵はがきを、虫眼鏡で拡大してみよう（図8、9）。通常の印刷ならば、写真は網点になって見える。これは、最近の写真印刷が、三色分解と網点を用いているからだ。

では、同じ倍率で、今度は明治後期の絵はがきを見てみよう。すると、網点が見えずに、細かい濃淡が見えることがわかる（図10）。

こうした写真絵はがきは「コロタイプ」と呼ばれる技法で印刷されている。コロタイプは、もともとはドイツで開発された印刷技法で、日本では明治中期から使われるようになった。ゼラチン膜のひだを用いて濃淡を出す技法で、のちに開発された網点印刷よりも、細かい階調を出すことができる。

コロタイプ印刷を用いた出版物のひとつに美術誌があった。たとえば、日本の伝統的美術を写真で紹介する『国華』という

図10　図9-4で紹介した1898年発行の絵はがき。百年以上前のもので、絵はがきに多少の傷が見られるものの、網点はなく、玄宮園鳳翔台の中に書が掲げてある様子がはっきりと分かる。

雑誌が明治期に発刊されたが、この雑誌を発行した小川一眞《かずまさ》は、コロタイプを得意としていたので、多くの美術作品をコロタイプによって記録している。

いまでも、日本では数軒の写真印刷所が、卒業写真などの記念写真用に、このコロタイプ印刷を使っている。記念アルバムでよく用いられる集合写真のように、写真の中の一人一人の表情が重要になる写真では、通常の写真よりも高い解像度が要求されるからだ。

では、そのように優れた技術が、なぜいまでは一般的ではないのだろう。じつはコロタイプ印刷の欠点は、あまりたくさん印刷できないということ、その結果、一枚のコストが高くつくという点にあった。小川一眞が国華を発刊し始めたころは、せいぜい数百枚を刷るのが限度だった。

絵はがき流行の時代、こうした短所は少し改善された。二十世紀近くになって、このコロタイプを従来の平板印刷と組み合わせて、以前より大きく印刷する技術がドイツで開発されたからだ。

絵はがきは小さいので、一枚のコロタイプに何枚も絵はがきの原版を並べて平板印刷し、あとで裁断すれば、大量の印刷が可能になる。この方法を使い、ヨーロッパでは写真絵はがきの流行が起こった。

同じ技術は明治三十年代後半になって日本にも輸入された。折しも、日本では日露戦争が始まり、慰問絵はがきや戦役絵はがきを始めとする、空前の絵はがきブームが訪れた。

当時、新聞や通常の雑誌に使われていたのは、大量印刷に適した目の粗い写真銅版印刷や亜鉛版印刷で、現代に比べると質も高くなかった。それに比べて、コロタイプ絵はがきの画像は、小さいながら、その表現力は現在の新聞写真をも凌ぐものだった。

絵はがきの需要が高まるにつれて、事件が起こってから絵はがきが発行されるまでの時間も短縮されるようになった。本書で触れた彦根の陸軍大演習絵はがきは、差出人から縁者にわずか一日で届けられている（「六章　飛行機のある風景」参照）。絵はがきは、その速報性の面でも、新聞や雑誌に迫っており、映像の質では、新聞や雑誌をはるかに凌駕していた。絵はがきは、いわば、個人をニュース記者にしたのである。

しかし、大正後期になり、より簡便で、多色刷り印刷も可能な印刷術が導入されるようになると、コストの高いコロタイプ印刷は下火になってきた。関東大震災で多くの印刷所が被災したこともあって、大正末期ごろには、コロタイプ印刷による絵はがきはほとんど衰退した。

コロタイプ印刷では、色の濃い、退色しにくいインクが使われている。このおかげで、通常の写真に比べると、百年前のものでも、色あせていないものが多い。長く保管されていた絵はがきの中には、つい最近作られたのかと見まがうようなものもある。

腕のいい写真師の撮影したものならば、すみずみにまでピントが合っているので、たった一枚の中にも、文献だけではわからない、その土地の過去を知るための思わぬヒントが写り込んでいることがある。そうした細部を見つけるのも、古絵はがきを集める楽しみのひとつだ。

六章
飛行機のある風景

大正期に来日したアート・スミスの妙技を伝える絵はがき。

彦根の空

あるお家で古い彦根の絵はがきを見せていただいているうちに、一組の袋入り絵はがきに行き当たった。中に入っていたのは風景絵はがきだったのだが、おもしろいことに、どの写真にも複葉の飛行機が写り込んでいる。タイトルには「飛行中のモ式」とある（図6-1、2）。「モ式」というのは、当時最先端の複葉機、モーリス・ファルマン式飛行機の略である。

日本で絵はがきが流行した時代は、飛行機の時代と重なる。ライト兄弟が飛行実験を行ったのは一九〇〇年（明治三十三年）、ちょうど日本で私製絵はがきが認められた年だ。そして、彼らが一九〇三年に人類最初の動力飛行に成功すると、飛行機の開発はアメリカだけでなく、ヨーロッパでも行われるようになった。

こうした世界情勢を察知して、一九一〇年（明治四十三年）、日本から徳川好敏《よしとし》（図6-3）、日野熊蔵の両大尉が、航空機の視察と購入、そして操縦法の習得のために、ヨーロッパへと派遣された。

図6-1　彦根名所絵はがき。「大洞　飛行中のモ式」。アルバムに貼られていたのか、四隅に差し込みの跡がある。

図6-2　彦根名所絵はがき。「城山迎春館　飛行中のモ式」。

図6-3　「東京飛行後の徳川大尉」徳川好敏大尉の姿を写した絵はがき。(橋爪紳也コレクション)

徳川・日野両大尉は半年間の視察のあと、同じ年の十二月、それぞれフランスから輸入したアンリ・ファルマン式複葉機、ドイツから輸入されたグラーデ式単葉飛行機を用い、代々木練兵場で試験飛行を行い、成功した。これが日本初の航空機飛行である。

折しも、一九〇四、五年の日露戦争によって、日本では絵はがきが流行し、誰もが年に何度も絵はがきを交換する時代が到来していた。飛行機の登場は絵はがきの流行とうまくタイミングが合い、「飛行機もの」というジャンルが生まれた（図6-4）。

明治から大正時代には、さまざまな飛行技術を身につけた「飛行家」が次々と来日し、公開飛行を行った。日本でも多くの「飛行家」が登場した（図6-5）が、いっぽうで墜落事故も多く、数々の飛行家が命を失った。これらの悲劇もまた、「飛行機もの」の絵はがきとなった（図6-6）。

一方で、飛行機は冒険の道具であるにとどまらず、戦争の道具として着々と改良されていった。陸軍と海軍は、競い合うように新しい飛行機の導入を行った。一九一四年（大正三年）の日独戦争では、早くも日本軍の飛行機が戦場で偵察・爆撃を行った。

陸軍は、フランス製の「アンリ・ファルマン式」あるいは「モーリス・ファルマン式」の複葉機を輸入してその改良に努めた。やがて、エンジンも含めて国産の「モーリス・

図6-4　当時、東京の高塔であった浅草十二階と、徳川式（会式）三号を配した「浅草十二階観測場付近ヲ通過セル徳川式第三号飛行機」。史実にはこのような方角に飛行機が飛んだ記録はなく、合成絵はがきであろうと思われる。

図6-5　1916、1917年に来日し、曲芸飛行で人気を博したアート・スミスの姿を撮影した絵はがき。大正6年5月3日高松宛て。文面には、「本五月一日午後鳴尾デ『スミス』ノ好技ヲ見ル」とある。「鳴尾」は兵庫県西宮市鳴尾浜のこと。

図6-6　民間飛行家であった武石浩玻はアメリカで操縦技術を学び、1913年（大正2年）に日本で飛行実技を行ったが、京都深草で墜落し絶命した。この事故は新聞各紙で大きく報じられ、彼の死を悼む絵はがきも発行された。これはその絵はがきに収められた写真（部分）。

ファルマン式」略して「モ式」六型が登場したのは、一九一七年（大正六年）のことだった。
彦根の絵はがきに記された「モ式」とは、この国産の飛行機だったのである。

彦根の空に「モ式」が飛んだ一九一七年、陸軍は特別大演習を行い、彦根中学校（現在の彦根東高校）に大本営を置いた。『彦中《げんちゅう》五十年史』（一九三七）によれば、このとき、飛行機隊十四機が演習に参加している。

一般に、絵はがきに写された風物は、何かを「記念」していることがよくある。それが何の記念かがわかれば、絵はがきの発行年代が推定できる。

これらの絵はがきは、飛行機によって何かを記念している。その何かとは、おそらく彦根に初めて「モ式」が飛んだ日、つまり、一九一七年の陸軍大演習の日であろう。ということは、この絵はがきはおそらく、この陸軍大演習記念の年に発行されたものだ。

それにしても、どうも妙な感じがする。この組絵はがきでは、彦根の名所という名所に飛行機が飛んでいる。いくら大演習とはいえ、こうも都合良くあちこちで飛行機の姿をとらえられるものだろうか。

あれ、と思ったのは、大洞の上空を飛ぶ飛行機の絵はがき（図6－1）を見たときだ。岸辺に停泊している丸子船と人との構図に、見覚えがあった。

あわてて、手元の資料をひっくり返すと、なんと、船の位置から人の位置まで、まったく同じ絵はがきが見つかった（図1－1「大洞絵はがき」参照）。しかも、そこには飛行機の影も形もないではないか。

つまり、これは実際の光景ではなく、あとから焼き込まれた合成像だったのである。大演習を記念しようとする制作者の事情が、そこにはないはずの機影を合成させてしまったらしいのだ。

それからしばらくして、今度はもっと大胆な絵はがきを見つけた（図6－7）。

「大洞弁天上空陸軍飛行機と列車の競争」とあるのだが、いくらなんでも、大洞の崖ぎりぎりを、操縦の難しい複葉機がこんな風に飛ぶことはありえないだろう。タイミングよく汽車が通り過ぎるのもできすぎている。

おかしいなと思って手元の絵はがきと見比べていくと、やはり、飛行機の飛んでいな

図6－7　「(大演習の彦根) 大洞弁天上空陸軍飛行機と列車との競争」。

図6－8　大洞絵はがき。図6－7と全く同じ写真だが、飛行機の部分はカットされている。

い版が見つかった（図6―8）。人物の配置から水たまりの位置まで、まったく同じなのだが、汽車の後部は写っているものの、飛行機の部分は絵はがきには含まれていない。飛行機と汽車の「競争」という劇的な場面をわざわざトリミングするのは不自然だ。どうやら、図6―7の「競争」もまた、絵葉書屋の創意工夫による合成だった可能性が高い。

合成の理由

彦根絵はがきだけが唯一の例ではない（図6―4参照）。橋爪紳也『絵はがき一〇〇年　近代日本のビジュアル・メディア』（朝日新聞社）にも、合成を使った飛行機絵はがきの存在が指摘されている。

では、なぜこのような合成がしばしば行われたのだろうか。もちろん、明治・大正期が飛行機揺籃期であったことが大きな原因だろう。が、それ以外に、写真技術の問題も考えられる。

当時、高速で飛ぶ機影を写真で正確にとらえるのは、至難の業だった。いまほど感度のよい乾板が開発されておらず、また、フィルムを巻き上げて手早く連続撮影する技術もなかった。それに、飛行機は、どこを飛ぶかを予測するのが難しく、撮影機をあらかじめ決まった方向に構えて準備することができなかった。

そこで、比較的写りのよい機影写真をあらかじめ何枚か用意しておいて、あとから合成する手法が多用された。

もうひとつの理由は、写真の空だった。

当時の野外写真の多くは、空が白く抜けていた。日中、被写体をきめ細かく写そうとすると、露出を上げなければならない。すると、昼間の空は光量が多いため、青空と雲との境目が写らず、一体に白くなったのである。

白く抜けた空の部分は、写真師にとっては一種のキャンバスだった。そこに筆書きの雲を描きいれたり、ときには月を描き入れて夜の光景にしてしまうこともあった。手彩色絵はがきの場合は、着色工が、青空や夕暮れのグラデーションを加えた。

飛行機は、そんな白い空の上に現れた、新時代の風物だったのである。

陸軍大演習

では、この大洞の絵はがきは、当時の実況とかけ離れた、ただの絵空事を写した一枚なのだろうか。いや、そう簡単に片付けるわけにはいかない。

というのも、この、しわの寄った古びた絵はがきのあちこちには、当時の状況がありありと刻まれているからだ。今度は、写真だけでなく、記念印や文面にも注目しながら、絵はがきを読み込んでみよう。

図6－9　図6－7の拡大。「大正六年陸軍特別大演習記念」の特別通信印（記念印）が押してある。

はがきは大阪市南区宛てで、日付印は大正六年十一月十八日。この日付は、ちょうど大演習の直後にあたる。写真面に押された記念印（特殊通信日付印）には、「大正六年陸軍特別大演習記念　彦根　6-11-17」とある（図6-9）。最後の数字は日付である。ということは、このはがきは演習の翌日に郵便局で受け付けられたことになる。

文面を見ると、どうやら差出人は、この大演習に従

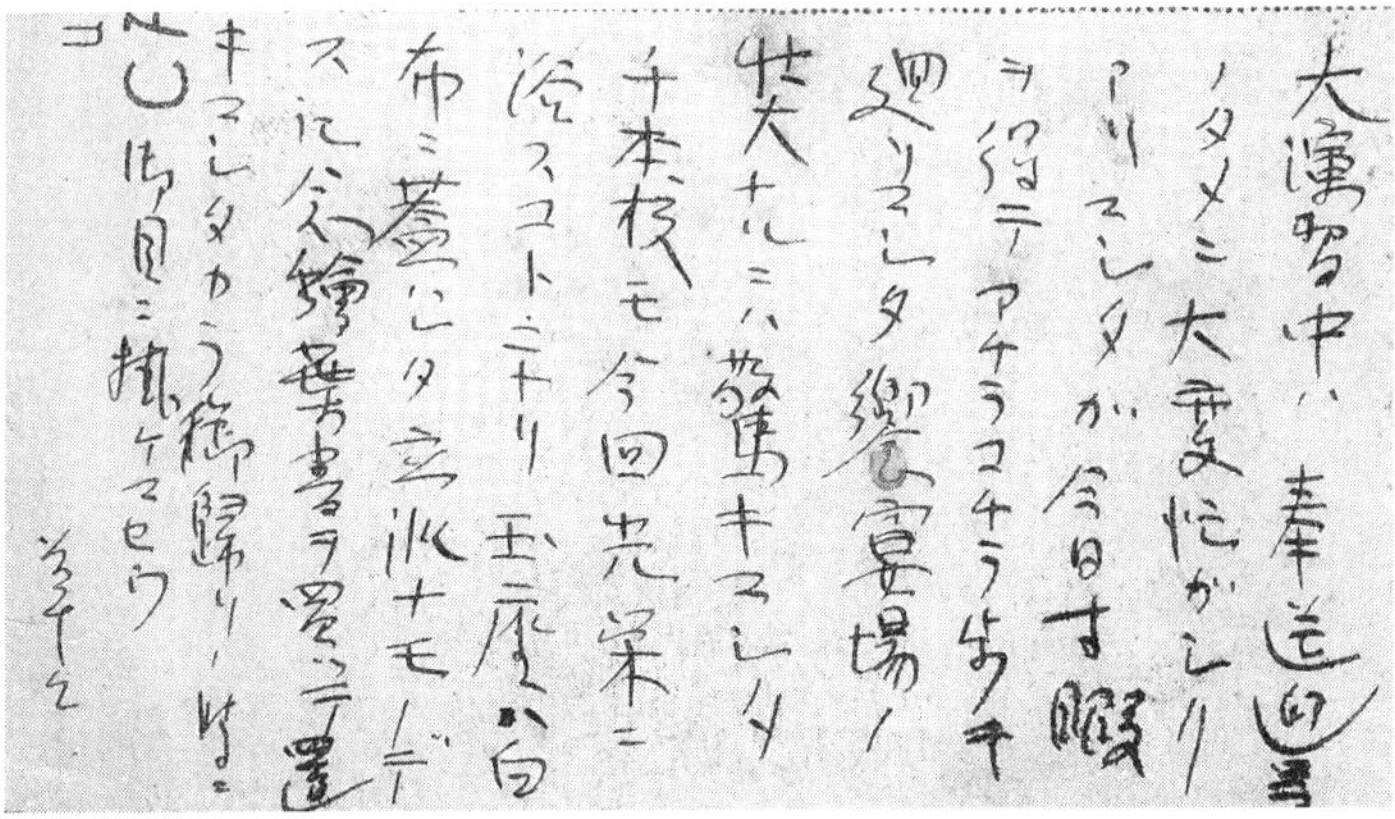

大演習中ハ奉送迎等
ノタメニ大変忙がシク
アリマシタが今日寸暇
ヲ得テアチラコチラ歩キ
廻リマシタ饗宴場ノ
壮大ナルニハ驚キマシタ
千本校モ今回光栄ニ
浴スコトニナリ玉座ハ白
布ニ蓋ハレタ立派ナモノデ
ス記念絵葉書ヲ買ツテ置
キマシタカラ御帰リノ時ニ
御目ニ掛ケマセウ
草々

図6‐10　図6‐9の絵はがきの文面。

事していたらしい（図6‐10）。

大演習中ハ、奉送迎等ノタメニ大変忙ガシクアリマシタガ、今日寸暇ヲ得テ、アチラコチラ歩キ廻リマシタ。饗宴場ノ壮大ナルニハ驚キマシタ。千本校モ今回光栄ニ浴スコトニナリ、玉座ハ白布ニ蓋ハレタ立派ナモノデス。記念絵葉書ヲ買ツテ置キマシタカラ、御帰リノ時ニ御目ニ掛ケマセウ　草々

（句読点は筆者が補った）

この内容を、『彦中五十年史』に書かれた大演習の様子と照らし合わせながら読んでみよう。

当時、軍隊が演習を行うとなると、その土地では準備のためにたいへんな時間と労力を費やした。

とくに、彦根で行われた特別大演習では、じっさいの戦争を想定して「大本営」が彦根中学校（現在の彦根東高校）に置かれ、そこに大正天皇をお迎えすることになったから、その準備は、現在からは考えられないほど大がかりなものだった。

まず、彦根中学校は大改造されることになった。

前の月から大工が百人以上入り、学校を大本営用に改造し、玉座や御湯殿、御厠、そして庭園が増築された。十一月一日に、学校は陸軍に引き渡され、四年生以下は二十五日まで休みとなり、五年生は西小学校で授業を受けることになった。

十一月十三日に大正天皇が彦根に到着すると、彦根の小学校男子生徒五〇〇〇人が、西小学校から中学校まで、提灯を片手に唱歌を唱えながら行進をした。「この蜿蜿《えんえん》として盡くるところを知らない燈火は、満々と湛えたるお濠の水に映って美しかった」と、『彦中五十年史』にはある（図6−11）。

翌十四日早朝の記述には、「折しも北軍飛行機の爆音に、『今日は雨で飛行偵察も困難だろう。』と有難きお言葉を賜り」とある。このことから、この日、じっさいに彦根上空を飛行機が飛んでいたことがわかる。

そのあと、野洲で演習が行われてから、夜には再び彦根で、今度は二〇〇〇人の小学

図6-11　奉迎提灯行列。『彦中五十年史』より。

生による提灯行列が行われた。演習中にはこのような「奉迎」が毎夜繰り返された。文面に「奉送迎等のために大変忙がしくありましたが」とあるのは、こうした事情を指しているのだろう。

十五日は河瀬の亀山村付近で、十六日は早朝から千本村《ちもとむら》亀甲山付近で、演習が行われた。絵はがきの文面に「千本校も今回光栄に浴することになり、玉座は立派なものでした」とあるのは、このとき大正天皇が、千本尋常高等小学校（現在の旭《あさひの》森《もり》小学校）で講評されたことを指しているのだろう。（旭森小学校横、石清水神社に残る「旭森の碑」の裏には、「第三日御野立場」とある。）

最終日の十七日には、午後二時から、彦根商工学校で「大饗宴」が行われ、武官文官をはじめ二〇〇〇人が集まったというから、「饗宴場の壮大なるには驚きました」とあるのもうなずける。この夜もまた、大提灯行列が行われた。

翌、十八日夜明け前から、大本営から彦根駅まで、大本営前のお堀端から、京橋を渡り、本町通り、さらには、登り町から佐和通りを抜けて駅前通りにいたるまでを、将校、学校児童生徒ほか、奉迎団体がびっしりと埋め尽くした（図6－12）。午前六時に大正天皇は大本営から彦根停車場（現在の彦根駅）に向かわれ、御召列車で御還幸された。

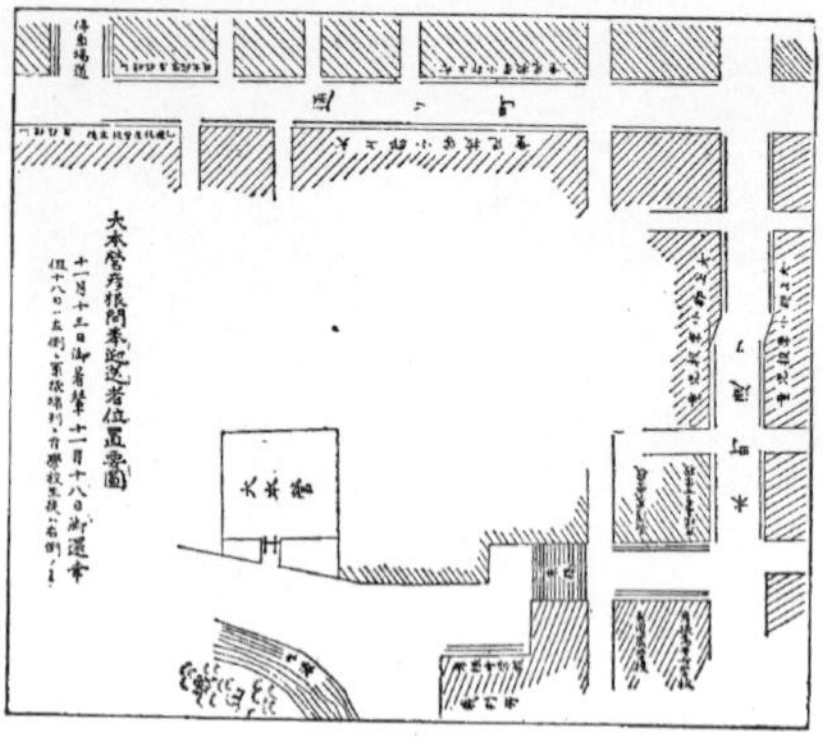

図6－12　奉迎団体の配置図。現彦根東高校から京橋を渡り、本町通りへと一度迂回し、久左の辻を曲がって再び駅方面へと戻っている。大がかりな奉迎であったことがわかる。

したがって、絵はがきの差出人が「ようやく寸暇を得て」と書いているのは、おそらく十八日のことで、その日のうちに縁者にはがきをしたためたということなのだろう。

ちなみに、大本営として使われた中学校は、このあと一週間をかけて再び元通りに戻された。

以上のことを考えると、この絵はがきがどのような経緯で合成されたかもおおよそ見当がつく。おそらくは、大演習前に、あらかじめ手元の写真を合成しておき、大演習の日に合わせて発行し、記念印を郵便局で押してもらう、という段取りだったのだろう。これなら、演習当日に絵はがきの発行を間に合わせることができる。

かくして、翌十八日には、絵はがきを買った差出人が、その実況を綴り、それが大阪に届けられた。写真は合成とはいえ、その速報力はほとんど新聞並みである。うがった言い方をすれば、こうした速報力を実現するために、絵はがき屋はあえて、飛行機の合成という奥の手を使ったとも言える。

絵はがきは、事件にあわせて当日に発行され、個人はその通信欄に、事件の内容を綴り、時間を置くことなく知人に差し出した。

この頃、絵はがきはいわば、個人の書いた新聞記事だったのである。

徳川好敏と彦根

ところで、飛行機と彦根には、もうひとつ奇縁がある。

日本で初めて飛行機で飛んだ徳川好敏は、戦後、彦根に移り住んでいたのである。

徳川好敏は、大正期以降、数々の教練の場に立ち、戦時中は埼玉航空士官学校（現入間基地）の校長となった。しかし、教え子の多くは、戦地に飛行士として旅立ち、戦死していった。その中には特攻隊の飛行士も含まれていた。

戦後、徳川氏は戦前から信心していたカソリック教会の縁あって、夫婦で彦根に移住した。徳川氏の生涯を描いた奥田鑛一郎『空の先駆者　徳川好敏』（芙蓉書房）によれば、彦根に移り住んだ頃の徳川氏の生活は「来る日も来る日も戦没した旧部下や教え子の冥福を祈り、遺族たちへの見舞いの手紙を書くという日々」だったという。

橋本町の時計店店主、野瀬正雄さんによれば、徳川氏は、野瀬さんのお父さんと懇意で、しばしば四方山話をしに時計店に訪れていたという。野瀬さんは当時の徳川氏の印象を「明治の職業軍人らしい、一本筋の通った礼儀正しい方でした」と語っている。

彦根にひっそりと暮らしていた徳川氏が、再び脚光を浴び出すのは、初飛行から五〇年が近づき、飛行の歴史が再び注目されるようになった頃である。

徳川氏はメディアに再び取り上げられるようになり、一九六〇年、アメリカ航空関係者の招待を得て、パン・アメリカン航空のボーイング７０７で世界一周旅行を行うことになり、アメリカの飛行家と交流を結び、かつて飛行の技術を学んだフランスを再訪した。

明治・大正・昭和と、飛行機の揺籃時代から戦闘機時代、そして大旅客機時代までを生きた徳川氏は、その後、彦根から所沢へ、さらに横須賀市野比海岸に移り住み、一九六三年（昭和三十八年）、七九歳で亡くなった。最期の診察を行ったのは、偶然にもかつての航空士官学校の教え子であったという。

湖底の零戦

一九七八年（昭和五十三年）一月十五日、彦根の沖三キロ、水深二八メートルの湖底から旧日本軍の零戦が引き揚げられた。戦時中に墜落して琵琶湖底に沈み、戦後何度か漁船の網にひっかかっていたことで記憶されていた。

西尾新次郎さんは、二十歳の年から戦地に赴き、終戦をジャワで迎えた。

話が戦時中のことに及んだとき、西尾さんは、この引き揚げられた零戦の記事の切り抜きを取り出して見せてくださった。そこには、西尾さん自身の、以下のような談話が掲載されていた。

「私は陸軍だったので、零戦は初めて見た。さびついた機体にくっきりと日の丸が残っているのを見たとき戦争中、第一線で体験した苦しさがよみがえり、何とも言えなかった。よく三十三年間も湖底で崩れずに残っていたものだ。早く修理して悲惨な戦争を繰り返さないためにも多くの人にみてもらいたい」（毎日新聞 一九七八・一一・一六）。

それにしても、この何もない湖上で、なぜ零戦が戦闘しなければならなかったのだろう。

「多景島が軍艦に見えてB29が爆撃に来たという話を聞いたがね」

そのときは南方にいたため、西尾さんは爆撃を見ていない。復員したときには、西尾さんがかつて丸子船で往復した松原内湖はもう埋め立てられていたという。

七章 写真と写真師のあいだ

1933年（昭和８年）６月発行の「公立彦根病院新築記念」絵はがき。本町に建設されて間もない新病院の全景。その大きさを強調するためだろう、男を渡り廊下の上に立たせて、写真師も同じ平面から撮影している。

城の櫓

絵はがきに写った場所を訪れるということは、被写体を探すことであると同時に、撮影地点、つまり写真師の居場所を探すということでもある。

被写体を探すには、写真の中を調べ、過去のできごとと照らし合わせる必要がある。いっぽう撮影地点を探すには、現在まで残った手がかりをもとに、事物の位置関係を調べ、カメラの置かれた位置を割り出す必要がある。

観光写真は、しばしば見晴らしのよい高みから写されている。現地に行くと、つい写真に写ったものを探そうと前方に注意が向きがちだけれど、逆に、後ろを振り返って、よい高み、よい撮影場所がないか調べてみると、写真の外へと想像をふくらませるよいきっかけになることがある。

たとえば、大手橋の絵はがき（図7−1）の撮影場所を考えてみよう。

橋の名前は絵はがきに書いてあるから、彦根城の有名な登り口のひとつだとすぐ分かる。けれども、撮影場所に名前が付いているわけではない。

では、どこから撮影されたものだろう。

アングルから考えて、これは橋を見下ろす俯瞰で撮られている。ということは、この橋の手前に、橋を見下ろす高台があるはずだ。

そこで、じっさいに現場に行って、橋の上に立って辺りを見回すと、左手に、ちょうど石垣で覆われた高台があることに気づく（図7－2）。かつての図絵には、この上に櫓《やぐら》が描かれているが、いまはない。おそらく、明治以降に解体されてしまったのだろう。ともあれ、この高さなら、写真のような俯瞰のアングルが取れるはずだ。

さっそく橋を渡って、天守閣へと向かう道を折れて、この石垣に登ってみる。

絵はがきのコピーをかざしながら、細かいアングルを決めていく。橋脚や手すりの遮蔽関係を確認しながら、カメラ位置を上下左右に動かしていくと、ほぼぴったり重なる位置が見つかる。

あえて同じアングルにこだわるのは、昔と今の光景を比べやすくするためだ。アングルが異なると、光景に違いがあったとしても、それがアングルのせいなのか時代の違いのせいなのかがあいまいになる。

図７－１　「近江彦根八景」絵はがきから「大手橋」。大正７年以前。

図７－２　現在の大手橋。図７－１と同じアングルから撮影したもの。

同じ構図になっているほうが、構図のずれに惑わされることなく、どこに違いがあるのかがはっきりする。ちょうど、雑誌の巻末によくある「間違いさがし」と似ている。

さて、大手橋絵はがきと目の前の光景と比べてみよう。橋桁の位置や素材はぴったり一致する。明治期から定期的に架け換えが行われてきた木橋だが、かつての状態がよく保存されていることがわかる。いっぽう、中央奥はかつての西郷屋敷だが、絵はがきの中では木々がうっそうとして屋敷を隠しているのに対して、現在ではすっかり切り開かれて、裁判所をはじめとするいくつかの区画に分かれていることが分かる。また、絵はがきでは堀端の並木は判然としないが、現在は堀沿いに桜並木が植えられていることも分かる。


かつてのお堀端はどんな場所だったのだろう。戦前、近くで小学生時代を過ごした川添茂さんは「当時はいまよりずっと水がきれいだった気がするけどね」と言う。

大手橋のかかっている内堀は水深が深いので、「そこは子供はあまり近づけん」場所だった。そこから琵琶湖側へ移動すると、堀はぐっと浅くなり、子供が立てるほどになる。

ちょうど滋賀大学の手前から西中にかけては、ハスが一面に植わっていた。食糧難の時期、川添さんは堀に直接ずぶずぶと入っていって、そのハスの実を集めて食べていたという。

夏近いある日になると、そのハスの自生するあたりから、黒いハグロトンボがわき出るように飛び立つ。「夕方にそれを見ると、なんとも空恐ろしい感じがしました」。それからしばらくすると、広い堀の水面上を、ギンヤンマが盛んに行き交う夏になった。

火の見櫓

時代が変わると、景色だけでなく、撮影場所の環境じたいも変化してしまう場合がある。

たとえば図7−3の戦前絵はがき「彦根全景」の撮影場所を考えてみよう。

こんな風に城山と町並み全体を見渡すことのできる高みというと、まず雨壺山近辺が思い浮かぶ。

しかし実際に行ってみると、なかなかここぞという場所が見つからない。候補はある。どうやら千鳥ヶ丘公園から見る角度が、高さもちょうどいい。しかし、そこからだと、

図7-3　「(彦根名勝) 彦根全景」絵はがき。大正7年以前。

うっそうと茂った植物が景色を隠しており、街全体を撮影しようとしても、どうしてもうまく行かない。

地元の方にこの写真をお見せすると、これは、雨壺山ではなく、もう少し手前の、火の見櫓から撮影したのではないか、という意見もあった。

芹川にかかる芹橋の傍ら（現在の橋本町側）に、むかしは火の見櫓があって、そこから街が一望できた。しかし、この櫓は、戦時中の金属回収で撤去されてしまい、現在はない。

これは戦前の絵はがきだから、もし、雨壺山から撮っていたなら、手前に高い火の見櫓が写りこんでいるはずだ。しかし写真にはその姿はない。ということは、櫓の写らないところ、つまり、火の見櫓自体から撮影した可能性が高い。

じつを言えば、わたしは、火の見櫓の写った写真を、昔、彦根の写真集で一度見たことがあった。けれどもそのときは、火の見櫓ならどんな街にでもあるのだし、取り立てて珍しいものでもないと、気にも留めなかった。

ほんとうに重要なことは、あるものが日本全国の中で珍しいかどうかではなく、その街に住まう人にとって、そのあるものが特別なしるしに見えるかどうかなのだ。わたしはそのことをすっかり見落としていたのだった。

この絵はがきの視点が火の見櫓であったのかもしれない、と考えたとたんに、彦根に住まう人にとって、この櫓がどのように見えていたかが、にわかに身に迫ってくる気がした。

彦根の街は、この写真に写っているように、思いがけないほど低層で、そしてこの櫓の頂上は、街のどこからも、よく見えたに違いない。写真師もまた、どこから彦根の全景を撮ろうと考えて、この火の見櫓の高みを思い浮かべることができたのではないか。

ところが、火の見櫓を写真機をかついで登る写真師のことをいささかロマンチックに思い描いていたある日、野瀬正雄さんのお宅で、意外な絵はがきを見つけた（図7－4）。

図7-4　「近江　彦根市街全景」絵はがき（野瀬正雄コレクション）

それはやはり彦根全景絵はがきなのだが、手前に芹川が写っている。最初は、ああ、手元にある絵はがきよりも、手前から撮影した写真なのかな、と思った。が、どうも妙だ。家並みがやけによく似ているし、なにより、手前の家にある物干し台の見え方がそっくりなのである。

もしかして、と思って、二枚の絵はがきをくっつけてみると、なんと、屋根瓦の並びが全く同じではないか。

じつは手元にある絵はがきは、このやや広めに撮影された写真の一部を、彦根城が真ん中に来るようにトリミングしたものだったのである。

よくよく考えてみれば、火の見櫓から撮影

したなら、眼下の家並みは、もっと上から俯瞰したアングルになるはずだ。それを、川が写っていないので、つい、火の見櫓から撮影したように勘違いしてしまったのだ。

芹川のけやき並木が途切れているところを見ると、どうやら、写真左の川沿いの大きな屋根は浄願寺である。この寺は、火の見櫓のあった場所よりも川上にあるから、櫓が写っていないのも無理はない。そして、この寺が写り込むためには、向かいの千鳥ヶ丘公園の高みから撮影する必要がある。ということは、やはり、あの鬱蒼とした木々のあたりに、撮影場所はあったのだ。木々を剪定すれば、あるいは明治と同じ眺望が開けるかもしれない。

かくして、話は振り出しに戻ってしまった。写真から身を引き離して写真師の居場所を見つけるのは、なかなかに難しいのだ。

片目をつぶって絵はがきを見る

特別な装置なしで、写真を立体的に見る方法がある。片目をつぶって見るのである。

やり方は至極簡単だ。遠近に事物の写り込んでいる写真、遠近法的な写真を選んで、片目をつぶって見てみよう。最初のうちは、ただの絵に見えるかもしれないが、すぐにあきらめずに、しばらく見つめながら、手前にあるものを引き寄せるように、遠くにあるものを見晴るかすように眺めてみよう。

すると、おもしろいことに、写真の中の遠景が遠のき、近くのものがこちらに近づくように見え出す。

これは一度体得するとじつにおもしろいもので、写真だけでなく、遠近法で描かれた絵でもできるし、慣れれば設計図に描かれた輪郭線だけでも遠近を感じることができるようになる。

幸い、観光絵はがきの写真は、たいてい遠近の事物をうまく配しているので、比較的うまくいきやすい。遠近があまり感じられないときは、写真を向こう側に傾けて下からのぞき込むようにするとうまく行くことがある。

もし絵はがきを持って撮影場所に行ったなら、この「片目つぶり」の方法で、絵はがきと実際の景色を見比べてみるとよい。目の前の風景だけでなく、絵はがきからも遠近が感じられることに驚きを感じることだろう。

それにしても、なぜ片目で見ると遠近感が増すのだろうか。
じつは、普段、わたしたちの目は、複数の方法で遠近を感じている。この複数の方法を大まかに分けると、両眼による「両眼立体視」と、それ以外の単眼による立体感に分かれる。

両眼立体視では、脳の中で左右の目に見える像を比べて、その微妙な差を奥行きに変換する。両眼立体視が働くと、目の前の紙は、そこに何が描かれていようと平面に見えるし、じっさいの景色のほうは立体に見える。

いっぽう、単眼による立体感は、影や事物の大きさ、そして遠近法を手がかりに立体感を感じる。だから、たとえ平面に描かれた絵でも、そこから立体感を引き出すことができる。

もし、両目で世界を見ると、脳は両眼立体視と単眼の立体感とを総合判断して、奥行きを判断する。この場合、写真の中の世界は、両眼で見た結果を判断に入れるため、どうしても平面

図11　江戸期に活躍した歌川豊春の描いた浮絵。こうした絵は、大きな虫眼鏡ごしに、片目で鑑賞されていた。

的に見えやすくなる。
そこで、片目をつぶってやる。するど、両眼立体視は働かず、単眼の奥行き判断のみが働くので、紙の上の世界からも、慣れると立体感を引き出すことができるというわけなのだ。

じつは、片目をつぶって世界を立体に見る、という方法は、江戸時代の頃から知られていた。十八世紀中頃、西洋から輸入された遠近法を応用して、奥行きを強調した絵をレンズごしに片目で見る遊びが日本で流行した（図11）。絵の中が浮いて見えるというので「浮絵」と呼ばれた。さらには、浮絵を大がかりな箱に入れて、多人数で見る「のぞきからくり」も流行した（図12）。「のぞきからくり」というと、「のぞく」ことにだけ楽しみがあるように誤解されがちだが、じつは、片目で見ることで生じる遠近感に人々は驚き、そのことを楽しんだのである。

絵の中に没入するときに、周りの景色が邪魔になることがある。これを防ぐため、昔の人は、片手で筒の形を作り、それを目にあてて絵を眺めた。筒越しに絵をのぞき込むと、不思議な

図12　日清戦争後に描かれた宮川春汀「有喜世之春」。画面右側で女の子がのぞきからくりを片目で覗いている。おそらく中には、戦争を描いた浮絵が仕込まれているのであろう。

ことに立体感がいっそう増す。

本書に収められた絵はがき写真でも、この方法で眺めると思わぬ立体感が得られる。無粋を厭わぬなら、トイレットペーパーの芯を使って筒越しに眺めるのもいいだろう。片目と片手で手軽にできる絵はがきの中へのタイムスリップを、一度お試しいただきたい。

八章　楽々園前の影

楽々園前の絵はがき。文面に「日露戦争も談判中」とあることから、1904年以前と思われる。暑中見舞いはがきだが、写真の季節は晩秋もしくは冬、正午近くの風景。

影を読む

絵はがきの中の風景がどんな季節か、どんな時刻かを考える癖をつけると、絵はがきの細かいところまで目がいくようになる。

たとえば、人の服装、そして樹木や湖面などの様子は、季節を知るよい手がかりとなる。

楽々園前を写した図8-1のような絵はがきを見ながら、こうした手がかりを具体的に見てみよう。

お堀端の小さな樹木は、まだ植樹されてから年月の浅い桜のようだ。この堀端の桜は、一九三三年（昭和八年）に喫茶店「ござれ」のご主人の先々代である吉田繁治郎氏が植えられたと聞いたことがある。ということは、それから間もない時代だろうか。

すっかり落葉しているところを見ると、季節は晩秋から早春というところ。うしろの木々の中にも、葉が落ちて枝が透いて見えるものがあちこちにある。堀の水には小波が立っている。波紋の広がる方向からすると、琵琶湖側から吹きつけてくる風だろうか。

歩く人にも、桜の裸木にも、石段にも、くっきりと影が落ちている。陽射しが射して

図8－1　楽々園前の絵はがき。大正-戦前。影の伸び方に注意。

いる分、少しは暖かいのかもしれない。影は、陽射しの有無を示すだけではなく、時刻や季節まで示す。

　写真に写っている場所の東西南北さえ知っていれば、影のできる方向から、おおよそその写真が何時頃撮られたのかが分かる。たとえば、この写真では、人影や木々の影が、堀から楽々園の方に向かって、おおよそ東北東の方角に落ちている。ということは、写真が撮られたのは午後もやや遅く、三時か四時ごろというところだろう。

　そして、その時頃の影がこれほど長いということは、写真は冬至に近い季節、おそらくは、十一月から一月までの間に撮影されたのではないかと思われる。そういえば、道行く人は袖に手を隠していて、なんだか寒そうだ。

お堀端と桜

現在のお堀端の様子は、この絵はがきの頃とはかなり変わっている。

桜並木の寿命は、数十年から百年と言われている。いま、楽々園前の桜並木を見てみると、かつての桜の多くは切り株や枯れ木になっており、間に小さな桜が植樹されていることがわかる（図8-2）。

彦根在住の樹医である葛目良水《くずめよしみ》さんに、お堀端の桜についてうかがってみた。

現在、楽々園前の堀の水は、石垣のすぐそばまで迫っている。しかし、ほんとうはもっと水位が低いほうが桜にはよいらしい。というのも、堀の水が桜の根に浸みてきて、年中水でひたひたになるので、根ぐされを起こしやすいからなのだそうだ。

じっさい、お堀端をあちこち見て回ると、水がすぐ地上まで迫ってきている楽々園前の桜よりも、水面まで距離のある京橋付近の中堀のほうが、桜の勢いがいい。

そういえば、東京の向島といい京都の鴨川といい、大きな桜のあるところは、川辺の

図8-2　楽々園前の現在。絵はがきとは異なり、湖岸側から撮影している。堀の水位と桜の植樹間隔が変化していることに注意。

そばではなく、土手を盛って、そこに植えられている。もしこの先、桜を大きく育てるのならば、堀の水位と桜との関係は工夫のしどころだろう。

もうひとつ、葛目さんは、桜の間隔はなるだけ空けたほうがよいと言う。

木の根は、おおよそ枝の張り具合と同じ半径を考えるとよい。たとえば桜だと、そこそこの枝振りの桜は半径が四メートルくらいになる。ということは、それくらいの桜の下には、おおよそ四メートル半径の根が張っていると見ればよい。

もし桜をそれくらいの大きさに育てようと思ったら、それぞれの樹を四メートルの倍、つまり八メートル間隔くらいで植えるとちょうどよいということになる。

少し小振りの桜を考えるときも同じで、枝の半径の倍の間隔をとるとよい。では、現在の楽々園前の桜はどうだろうか。間隔がかなり詰まっていて、一メートル足らずのところもある。これだと、隣の樹どうしが、お互いに根を張り合うことになる。

かつての楽々園前はどうだったのだろうか。絵はがきを見ると、堀の水位も、桜の間隔は、現在とは異なっていることがわかる。

お堀端には石段がついており、そこから堀の水辺へと下りることができるようになっている。写り込んでいる人の身長からすると、地上から水面までは一メートル半から二メートルというところだろうか。これなら、桜の根に浸みてくる水の量は現在より少なくて済んだだろう。

かつての石段の跡がないかと思って、楽々園前の堀端をのぞきこんでみると、水底に、石段らしき石の塊が見えた。どうやら、石段はすべて取り払われたのではなく、堀の中にいくつか取り残されているらしい。そして、このことからも、現在の水位は、昔の石段が水没するほど高いことが分かる。

絵はがきの中の植樹間隔は三〜四メートルというところだろうか。現在に比べるとずいぶんゆったりと取られている。

それにしても、樹医の方と話すことで、一枚の絵はがきからこれだけのことがわかるとは思ってもみなかった。見る人が見れば、絵はがきから、かつての植樹のあり方を推し量ることができるのである。

九章 玄宮園と楽々園

「楽々園」絵はがき。大書院の前に盆梅が並べられている。戦前には、大書院の中で盆梅展が行われていたことがあった。

外国から見た日本

外国の絵はがき屋で、彦根の絵はがきを見つけることがある。

最初はパリの絵はがき屋だった。それは「彦根の池」と題された、玄宮園を写した絵はがきで、日本髪に和服、日傘を差した女性が木船に乗っている（図9−1）。

彦根の珍しい風景が、偶然、異国の人の目に止まったのだろう、くらいに、そのときは思っていた。

ところが、意外なことに、その後、彦根の絵はがきが次々と海外で見つかるようになった。マルセイユ、ベルリン、ブリュッセル、ロンドン、ロサンジェルス……国は違えど、そこに写っているのは、いずれも判で押したように、玄宮園だった。そしていずれにも、白黒写真に丁寧な手彩色が施してある（図9−2、3）。

彦根の絵はがき、というと、多くの人が想像するのは、歴史ある天守閣の写真であり、彦根城の城郭を写した絵はがきだろう。

しかし、明治期、外国で人気を博したのは、玄宮園の池の風景であり、池端にある茶室であり、和服の女性たちだったのだ。

図９‐１　「Pond of Hikone 彦根ノ池」絵はがき。未使用手彩色。裏には、JUL 22 1911 from S. Kakehashiというプライヴェートのメモ書きがある。

図９‐２　「Tea house, Hikone 彦根八景亭」。八景亭は外国には「Tea house」として紹介された。1909年８月７日神戸発。

図９‐３　「彦根公園」絵はがき。裏にはマルセイユ宛てのフランス語が書かれている。

このことをあざやかに示している一枚の絵はがきがある（図9―4）。「Tea-house Garden at Hikone」と金文字でタイトルが打たれた、手彩色の絵はがき。玄宮園と八景亭を写したものだ。

宛名面を見ると、「万国郵便連合葉書」と日本語が印刷されている。しかし、使われたのは日本ではない。

発信元はドイツのブレーメン、宛先はベルリン郊外のブランケンブルクだ。ブランケンブルク郵便局で押された日付には、一八九八年四月二四日とある（図9―5）。

日本で私製の絵はがきが許可されるのは一九〇〇年（明治三十三年）十月一日である。これ以前、日本では、郵便局以外の民間業者が勝手に絵はがきを刷ってそこに切手を貼って投函することは許可されていなかった。だとすれば、一八九八年の日付を持つ絵はがきは、理屈に合わないことになる。どういうことなのか。

一九〇〇年以前に、絵はがきを渇望する人々、とりわけ、外国に日本の風景を伝えたい人々のために、居留地では、官製はがきに写真や絵を刷り込んだ絵はがきが販売されていた（図9―6、7）。こうした絵はがきの宛名面には、「大日本帝国郵便　四銭」という、はがきの料金を記した印が右肩にある。

図９－４　「Tea-house Garden at Hikone.」絵はがき。黄色い文字で小さく「十六」という漢数字が描かれ、風情を増している。

図９－５　図９－４の宛名面。1898年４月24日にブレーメンからブランケンブルクに送られている。

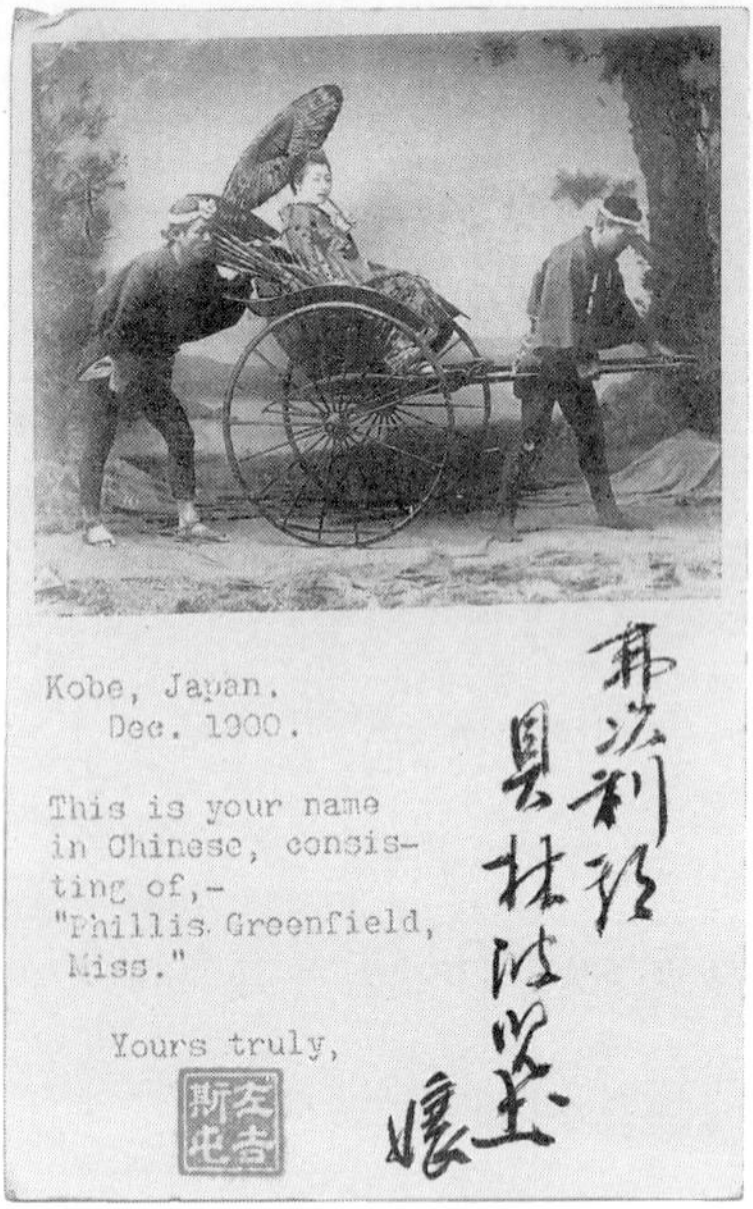

図9-6　居留地絵はがき。1900年12月、ロンドン宛て。手彩色の写真に加えて、相手の名前（Miss Phillis Greenfield）を漢字で書いて、赤い落款を押してある。いかにも日本の風情を強調した趣向。

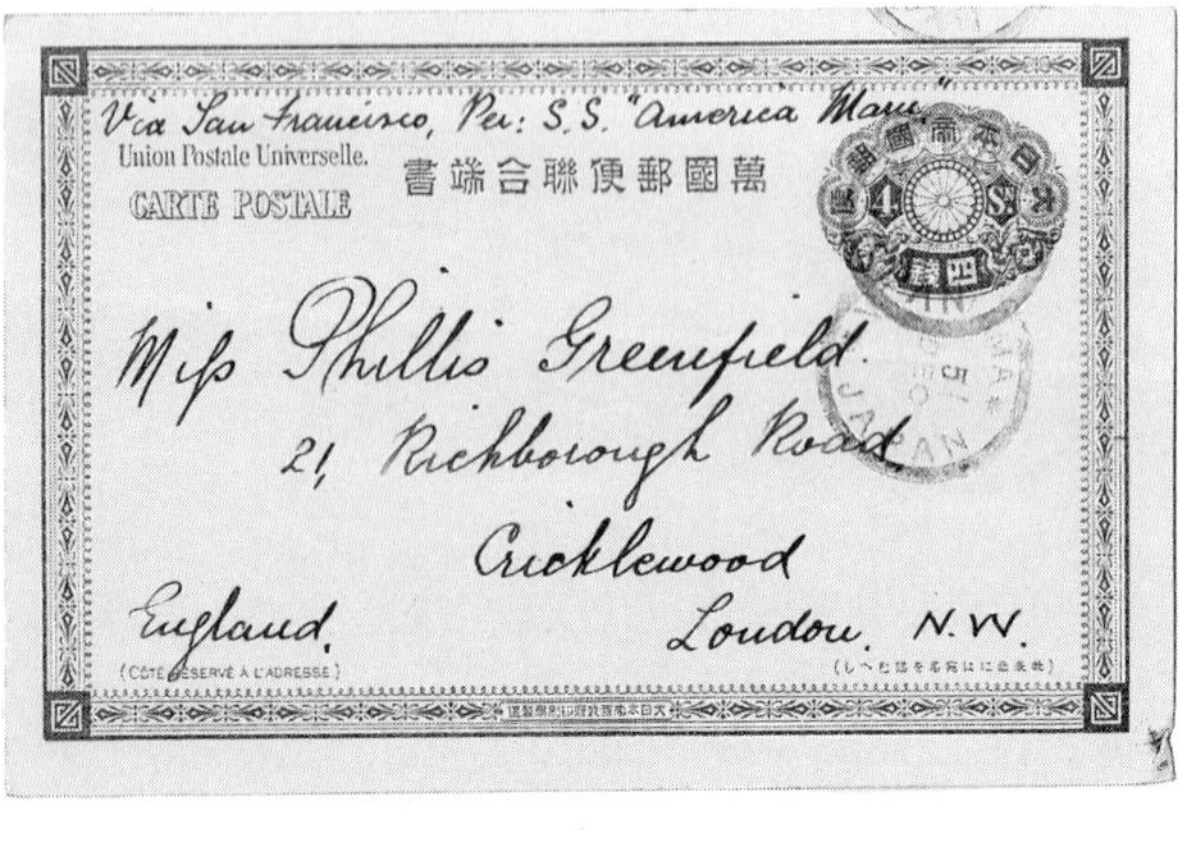

図9-7　図9-6の裏面。右肩には「大日本帝国郵便」のはがき印が大きく印刷されている。また、下には「大日本帝国政府印刷局製造」とある。

では、ブレーメン発の絵はがきは、こうした居留地絵はがきなのだろうか。しかし、ブレーメン発の絵はがきにはこうした印はない。

初期の絵はがきに詳しい田端裕司氏の記事（郵趣　二〇〇七年二月号「郵便と絵葉書」）によれば、どうやらこれは、日本製の絵はがきを模した外国製の絵はがきらしい。当時のヨーロッパ製絵はがきには、官製葉書の表面を、印面の部分だけ空白にしてそっくり模写した、手の込んだシリーズがあった。図9-4の彦根絵はがきは、まさにこの例にぴったり当てはまるのである。宛名面には凝ったことに、日本語で、「大日本……」の銘が印刷されている（図9-8）。

図9-8　図9-5の拡大。「大日本帝国政府大蔵省印刷局製造」とある。いかにも日本の風情を強調した趣向。

当時、ヨーロッパの人々にとって、日本の珍しい風俗は、異国情緒を引き起こす絶好の題材だった。そして、写真のみならず、はがきに使われている漢字文字や、デザインさえも異国的なものとして目に止まった。

だからこそ、日本の官製葉書の、一見どうということはない宛名面のデザインまでが、ヨーロッパ用に模写されて使われていたのである。

漢字やデザインの力がいかに強いものだったかを想像するには、たとえば、十九世紀末に浮世絵に接したゴッホが、広重の浮世絵を模写しようとして、画題だけでなく、漢字や落款まで真似ようとしたことを思い浮かべるとよいだろう。


外国で発行された、日本の異国情緒を特色とする絵はがきに、彦根の、それも城そのものではなく、玄宮園の写真が使われていたというのは、なかなか興味深い。

玄宮園の茶室と庭園と和服姿の女性たちの取り合わせが、日本を知らない人々にとって、見知らぬ異国への想像力を呼び覚ましたのだろう。


玄宮園の絵はがきが、外国で人気を博した原因はもう一つ考えられる。それは、十九世紀末から二〇世紀末にかけての万国博覧会と、それをきっかけに世界各国に起こった日本庭園ブームである。

日本は、一八七四年（明治七年）のウィーン万国博覧会以来、万博が行われるたびに出品を行ってきたが、その中でも特に人気を博したのが、日本建築と日本庭園、そして

THE JAPANESE GOVERNMENT BUILDING, ON THE WOODED ISLAND, OR JAPANESE HO-O-DEN.

図9-9　1893年シカゴ博の日本館。近くには日本庭園と茶店もあった。

茶店であった。

洋風のパヴィリオンが居並ぶ中に忽然と現れた日本風の建築は、当時の人々の間に大きな衝撃を与えた。たとえば、一八九三年（明治二十六年）に行われたシカゴ万博では、平安（寝殿造）・中世（書院造）・近世（武家屋敷）という三つの異なる時代様式を折衷した日本館と日本庭園が池端に造られた（図9―9）。会場には日本茶店も開店した。

日本館の構造に感銘を受けたフランク・ロイド・ライトは、以後、垂直線を強調するヨーロッパ式建築から水平線を強調し縁を設ける日本風建築へと、そのスタイルを大きく方向転換することになった。

幾何学的な構成を重んじるヨーロッパ式の庭園とは全く異なる、自然を重んじるスタイルを持った日本庭園は、エキゾチックな植物や茶室の存在と相まって、その後も人々の注目を集めた。

橋爪紳也『人生は博覧会　日本ランカイ屋列伝』（晶文社）によれば、シカゴ博ののちの一八九六年（明治二十九年）、ヨーロッパからの避暑客も多かったニューヨーク州アトランティック・シティで、新居三郎という人が作る日本風庭園が話題となり、現地のアメリカ人から依頼を受けていくつかの和風庭園を造作したという。さらには、この仕事を引き継いだ櫛引弓人《くしびきゆみんど》は、市中に異国趣味を集めた大規模な日本風庭園を作り話題になった。

櫛引弓人はこの成功を足がかりに、その後も、セントルイス博（一九〇四年）、ロンドン博（一九〇七年）、パナマ博（一九一五年）といった博覧会に、独自の日本風展示を行い、「博覧会キング」として名を馳せた。こうした博覧会をきっかけに、アメリカ、ヨーロッパの各所に、日本庭園が造られた。

茶店もまた、博覧会での代表的な風物だった。和服姿の女性たちが給仕を行う日本式茶店は、店じたいの和風建築と相まって、各地の博覧会で好評を博した。ロンドン博

（一九〇七年）では、日本女性の労働が認められないので、イギリス女性が和服をまとって給仕を行ったほどだった。

つまり、玄宮園の絵はがきには、当時、博覧会によって流布されていた典型的な日本のイメージ、日本建築、庭園、茶室、そしてキモノ姿の女性という要素が、もれなく盛り込まれていたのだ（図9―10）。

図9-10　20世紀初頭のフランス製絵はがき。富士山らしき山、桜、日本庭園、日傘に日本女性と、当時の日本の典型的イメージが描かれており、落款を真似た印もある。着物の着こなしや下駄の形が空想上の日本を表しておもしろい。

玄宮園の光景が異国の人々を魅了したのは間違いない。しかし、当時の人々が、果たして「彦根」という地名についてどれほどの知識があったのかというと、いささか疑わしい。

パリの絵はがき屋のひとつに、日本の絵はがきがとても充実している店がある。そこでは、Japonと書かれた箱の中に、さらに「Tokyo」「Osaka」「Nagasaki」と書かれた仕切り板があって、明治期に有名だった地名別に絵はがきが仕分けられている。

その箱の中身を調べているうちに、おもしろい絵はがきに行き当たった。「Hakone」と分類された絵はがきの中に、明らかに玄宮園の光景を写した絵はがきがあったのだ。

そういえば、HakoneとHikoneは、アルファベットにすると一字違いだ。店の人が間違えたのだろうと思って、よく絵はがきを見ると、なんとタイトルにはっきりと「Hakone」とあるではないか（図9−11）。

明治期の箱根は、横浜居留地から訪れることのできる格好の観光地で、外国人の人気が高く、絵はがきも数多く発行された。おそらく、この絵はがきの作成者は、いかにも日本風の光景を見て、耳なじんだ「箱根」の名前を思わず書き入れてしまったのだろう。

絵はがきの中の木々

「これはクロガネモチ」「これはマキですね」

樹医の葛目良水さんが玄宮園絵はがきの中の樹影を指しながら次々と言い当てていく。

絵はがきのコピーに赤で矢印を書き込んでいく。みるみる書き込みだらけになる。

これまでただの緑地だと思っていた絵はがきの中の樹々のひとつひとつに名前が付け

図 9-11　玄宮園絵はがき。タイトルをよく見ると「Park of Hakone」となっている。

られていく。昔、生物学の実習で近所の山に登ったときのことを思い出した。ただの小高い山の緑だと思っていたものに、先生が「アラカシ」「ソヨゴ」「クロモジ」と次々名前を与えていく。ああ、この植物学の先生と自分とでは、見ている世界がまったく違うなと感じたものだ。

図9-12　大書院からの眺め（2004年）。石庭の周囲に植物が張り出し、庭の向こうの光景を半分以上覆い尽くしている。

しかし、よもや絵はがきで、それを体験するとは思っていなかった。

樹医である葛目さんとは、たまたまある会合で知り合ったのだが、お話するうちに、玄宮園や城郭の庭園の植物に通じておられることを知った。それならと、葛目さんに頼んで、二〇〇四年（平成十六年）の初夏、玄宮園と楽々園を写した絵はがきのコピーを手に持ち、一緒に庭園のあちこちを歩き回ることにしたのである。

まず、楽々園に入って大書院に腰をおろし、例

図 9 -13 「Rakurakuyen Hikone Omi　近江彦根楽々園庭園」絵はがき。図 9 -12と比べて、玄宮園内がほぼ見通せることがわかる。

によって、絵はがきが撮影されたアングルを探る。楽々園前には枯山水風の石が組まれている。絵はがきと現在の位置とを見比べると、その配置はほぼ変わっていない。これはよい手がかりになる。石どうしの遮蔽関係に注意していけば、ここだろうという撮影位置とアングルが見つかる。

その、撮影位置とおぼしき場所に立ってみて、まず驚いたのは、景色の開け方が全く違っていることだった（図9−12）。目の前には、大書院の縁側から続く砂利地が開けて、それは玄宮園との垣根で途切れる。楽々園と玄宮園の間には、視界を遮るためなのか、植垣が並んでいて、その向こうにわずかに玄宮園の橋が見える。だか

図 9-14　明治期の玄宮園絵はがき。池越しに楽々園側を見ることができる。大書院の左に見える木が七間橋たもとの五葉松。

ら、楽々園の庭は、木々に被われた、単独の庭のように感じられる。

ところが絵はがきの中の楽々園はそうではない。

目の前の砂利地から向こうに、広々とした大庭が開けているのである（図9-13）。

あまりに光景が異なるので、最初は、楽々園の向こうに、幻の庭でもあったのかと思った。しかし、よく見てみると、それは、隣にある玄宮園の池や木々だった。

画面中央右、富士山のように据えられている立派な五葉松は、玄宮園の池端、「七間橋《しちけん》」のたもとの小島の上にある。そして、その向こうに白くきらめいているのは、玄宮園の池の水面。背後の大きな木々は、玄宮園を取り囲んでいるものだ。

つまり、楽々園の大書院からは、石庭だけでなく、隣の玄宮園の庭を広々と見渡すことができたのである。そして、こうして見ると、手前の石で構成された庭と、向こう側に開ける木々と水で構成された庭との対比がよくわかる。これは、鉱物によって表された山水の世界が、実際の植物によって表される色鮮やかな緑の世界へと開けていく景色なのだ。

つまり、楽々園の庭は、玄宮園の庭の景色を借りることによって、ひとつの石庭を表すだけでなく、幾重にも折り重なった世界を見せていたということになる。

図9-15　玄宮園から楽々園を眺めたところ（2004年）。図9-14と比べて、楽々園側が植物に覆われてほぼ見えなくなっている。

このことは、反対側の玄宮園にまわってみて、改めて確認することができた。明治期の玄宮園の奥からは、楽々園の大書院とその前庭をほとんど見通すことができる（図9‐14）。つまり、この時期の大書院と玄宮園とは、お互いに参照し合う形に作られていたのだ。「七間橋」たもとの五葉松は、あたかもランドマークのように、両庭園の間に位置している。ここにわざわざ小島を作って特別な松を植えたのには、二つの庭園の要としての役割があったのかもしれない。

のちに南側に小屋が増築され、木々が張り出したために、大書院の姿は半分以上隠れてしまった（図9‐15）。このため、互いの庭園を参照するのがむずかしくなっている。明治期以降、度重なる改築によって為されたものだろうが、いささか残念な結果だ。

楽々園と玄宮園の境には、その後変化があった。二〇〇七年（平成十九年）に改めて楽々園を訪れると、楽々園と玄宮園の境にあった植垣が取り払われ、周囲の植木も剪定されていた。これはうれしい驚きだった。

大書院の縁側に座ってみると、遠く玄宮園の橋を行く人々の姿、さらには遠く池端を行く人が見え、なによりも池の水面が見える。水の世界と砂地の世界が対照されて、庭は、ぐっと奥行きを増している（図9‐16）。

明治期の玄宮園と大書院が見せていたであろう大胆な立体的世界を、玄宮園は少しずつ取り戻しつつある。

図９-16　楽々園からの眺め（2007年）。図９-12（2004年）に比べて、楽々園と玄宮園の境が取り払われ、七間橋が見えるようになり、見晴らしが増した。

図9-17 「彦根楽々園」絵はがき。じっさいには楽々園ではなく、玄宮園内の松を写したもの。現在は切り株のみが残っている。

庭園の変化

玄宮園の絵はがきコピーを手に、さらに玄宮園を回ってみよう。

手元の絵はがきには、庭園に架けられた橋のひとつが写っている（図9—17）。真ん中を石垣の橋桁で支えられたもので、その石垣には、立派な松が生えている。遠く向こう側に、もうひとつの橋が見える。庭園の写真はこのように、立体的な配置に目を留めたものが多い。

この大きな松を頼りに、どの橋だろうかと探してみたのだが、どうもわからない。そこで、今度は、石垣と回りの景色から絵合わせをしていって、ようやくこれは「龍《りゅう》臥《が》橋」だと分かった。

どうやら松はなくなってしまったらしい。石垣のところをよく見ると、大きな切り株があった。枯死してしまったか、あるいは嵐で折れてしまったのだろうか。代わりに五葉松が橋の反対側に植わっていた。

図9－18　明治期の玄宮園絵はがき（部分）。鳳翔台の前庭を拡大したもの。

こうした、庭園の植樹の移り変わりは、園内のあちこちに見られる。たとえば、絵はがきに写っている鳳《ほう》翔《しょう》台の前庭をよく拡大してみると、ソテツやツバキ、梅、紅葉などが植わっていることがわかる（図9－18）。おそらくは、茶席から四季折々の風情を楽しむために配置されたのだろう。現在はむしろ松を中心とした植樹に代わっている。

葛目さんによれば、ソテツにはおもしろい事情がある。

江戸期、当時珍しかったソテツを南から取り寄せるのが各藩の殿様のあいだで流行した。しかしソテツは松などと違って、さほど大木にはならない。そこで、築山を作ってやって、その頂上に植えることで、他の樹木とのバランスを保っていたという。逆に言えば、ソテツくらいの低木であれば、築山の上に植えても遠景を遮蔽しないので、うまく遠近感が取れるということになる。

おもしろいことに、玄宮園には「蘇鉄山」という築山がある。現在は松が植わっているが、ここにソテツが植わっていたのではないか、というのが葛目さんの推測だ。池越しに蘇鉄山を見上げると、ちょうど向こう側には彦根城がある。南からもたらされた、ソテツのエキゾチックな鋭い葉がシルエットになり、その葉を透かすように、向こうにお城が見えたのだとすれば、これはおもしろい趣向である。

絵はがきのソテツは、あるいは、そんな蘇鉄山の歴史の名残りなのかもしれない。

それにしても何より驚かされるのは、周囲の植物の成長ぶりだ。図9-12、13を比較してみても分かることだが、絵はがきの中では、背景の木々にはまだ庭園外の気配を伝えるほどの隙間があるのに対して、現在は鬱蒼として、この庭園だけが外部から切り離された別の空間であるかのように感じられる。

しかし、この変化はかならずしも悪いことではないのかもしれない。

かつて、松原内湖があったころは、玄宮園と楽々園の北側は、中堀越しがすぐ内湖だった（図1－5参照）。世界のミニチュアのようなこの庭園の向こう側には、広々としたほんものの湖が開けており、そこを渡る風が園内に流れ込んできた。土手を上がればその水面も見えた。内湖は琵琶湖の気配を呼び入れ、玄宮園の池は内湖の気配を呼び入れ、大書院の前庭はその池の気配を呼び入れる。幾重にも折り重なり、照らし合わされる水の世界が連なっていたのである。

けれども、現在、内湖は埋め立てられて、すぐそばには車道が通り、総合運動場がある。

賑やかな喧噪を和らげて、隔絶する庭園空間を保つには、現在のように高い木々で被われていたほうが、かえって都合がよいと言えなくもない。

戦後の玄宮園八景亭について、三島由紀夫は『絹と明察』でこんな描写をしている。

「庭のまわりは深い木立におおわれ、さらに伊吹、霊山、大洞、佐和の連山を借景とし、南には木々の梢高く、白い船が懸ったような天守閣の姿が眺められた。八景亭の或る部屋からは、午後になってすこしずつ殖えてきた雲と共に、池心深く、天守閣がその白い投影を、じっと凝らしているのを見ることができた」

現在では、毎年秋になると、玄宮園の園内は地元の人々の手でライトアップされ、「虫の音を聞く会」が催される。夜の園内が煌々と照らされる。明治にはなかった、新しい光景だ。

絵はがきに見える池上の渡し舟も、この期間には復活する。虫の声は庭園を取り囲む木々に吸われて、園内におだやかに響き渡る。それは、絵はがきの時代以前から育ってきた木々が、いまや梢高くなったおかげなのかもしれない。

空は暗く、灯りに照らし出された樹だけが静かな池に映り込んで、もうひとつの世界であるかのように足下に広がっている。昼とはまるで違う光景だ。

七間橋の上に立って、楽々園のほうを眺めてみた。大書院の前に池が広がっている。急に見知らぬ場所に来たような気がして、よく目をこらしてみると、驚いたことに、それは水面ではなく庭だった。ぼんやりと照らされた手前の池から一連なりに見えたので、前庭を池と錯覚したのだった。

玄宮園と楽々園を照らし合わせる庭の趣向は、意外な景色を夜に用意していたのである。

図9-19　戦後の玄宮園。彦根観光局発行「四季の彦根」より。

図9-20　「The House on the Hikone Park」。よく見ると、左右が反転してしまっている。原版の向きを間違えたのであろう。こうした左右反転ものは、観光絵はがきでときどき見つかることがある。裏には手書きで1913年6月29日の日付がある。

古いパンフレットを読み解く

古本屋や蚤の市で特定の土地の絵はがきを集めていると、絵はがき以外のチラシ、パンフレットなど、さまざまな印刷物に出くわすことがある。雑誌や本ほどの分厚さはなく、一幅の絵ほど本格的なものでもない。しかし、ちょっと気をそそるデザインがほどこされていたり、おや、と思うような文章が載っていることがあり、絵はがきを買うついでに、ついつい手が伸びてしまう。

こうした印刷物は「紙もの」と呼ばれる。

もしその土地に興味がなければ、ただノスタルジックな絵や写真が載っているだけの、古びた紙に過ぎない。しかし、ひとたびその土地に興味を覚え始めると、こうしたちょっとしたパンフレットには、作られた時期のその土地についての知識が詰め込まれていて、見れば見るほどおもしろいものなのだ。ここでは、そうした紙もののひとつを取り上げて、かつての彦根の様子を探ってみよう。

とりあげるのは、知人から借りた「観光の彦根」と題されたパンフレットだ（図13）。彦根市が発行したものだが、正確な発

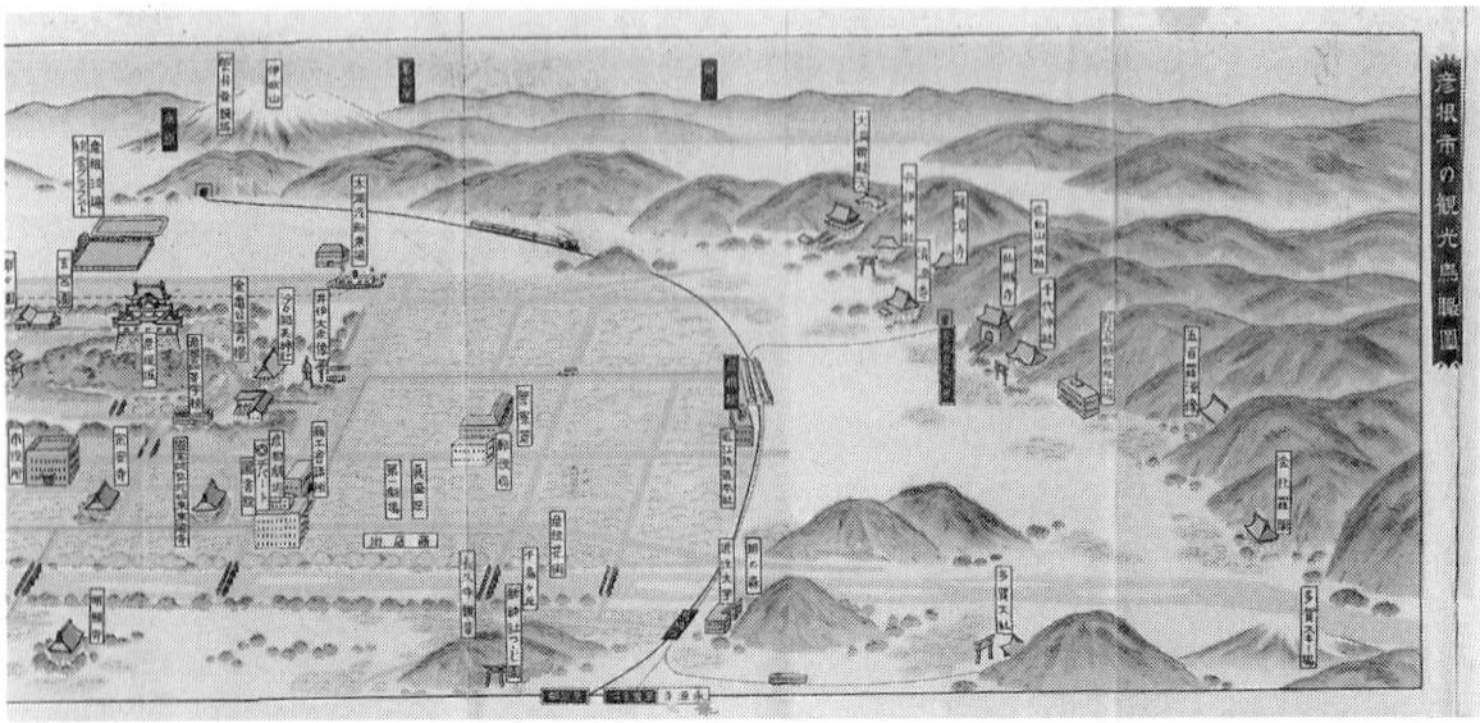

行年はわからない。

しかし、どうやら戦後のものらしいことは、大洞内湖が埋め立てられて総合グラウンドができていることから分かる（図14、「一章　大洞絵はがき」参照）。

観光船が港湾から中に入ってきて、城の北側を通過し、彦根駅の近くまで乗り入れている。「太湖汽船乗場」とあるところは、ちょうど現在の彦根市立図書館の向かい側にあたる。「旧彦根港」だ。観光客船は、意外に鉄道駅に近いところまで来ていたことがわかる（図15、「四章　港湾を遡る」参照）。

しかし、こんなに大きな汽船が入るためには、川に架かった橋が邪魔になりはしないだろうか。絵をよく見てみると、「お浜御殿」の下に架かっている橋が岸とは九〇度違う方向を向いているのが分かる（図16）。これは「回転橋」を描いたものだろう。観光客船を通すたびに、ここに架かっていた橋は人力で回転した。昔の彦根を知る方なら、懐かしく思い出されるだろう。

地図では、橋の北はお浜御殿の西を迂回するように描かれているが、現在では、湖岸道路は御殿の東側を、磯に向かってまっすぐ延びている。

回転橋が一九六七年（昭和四十二年）に撤去されたあと、も

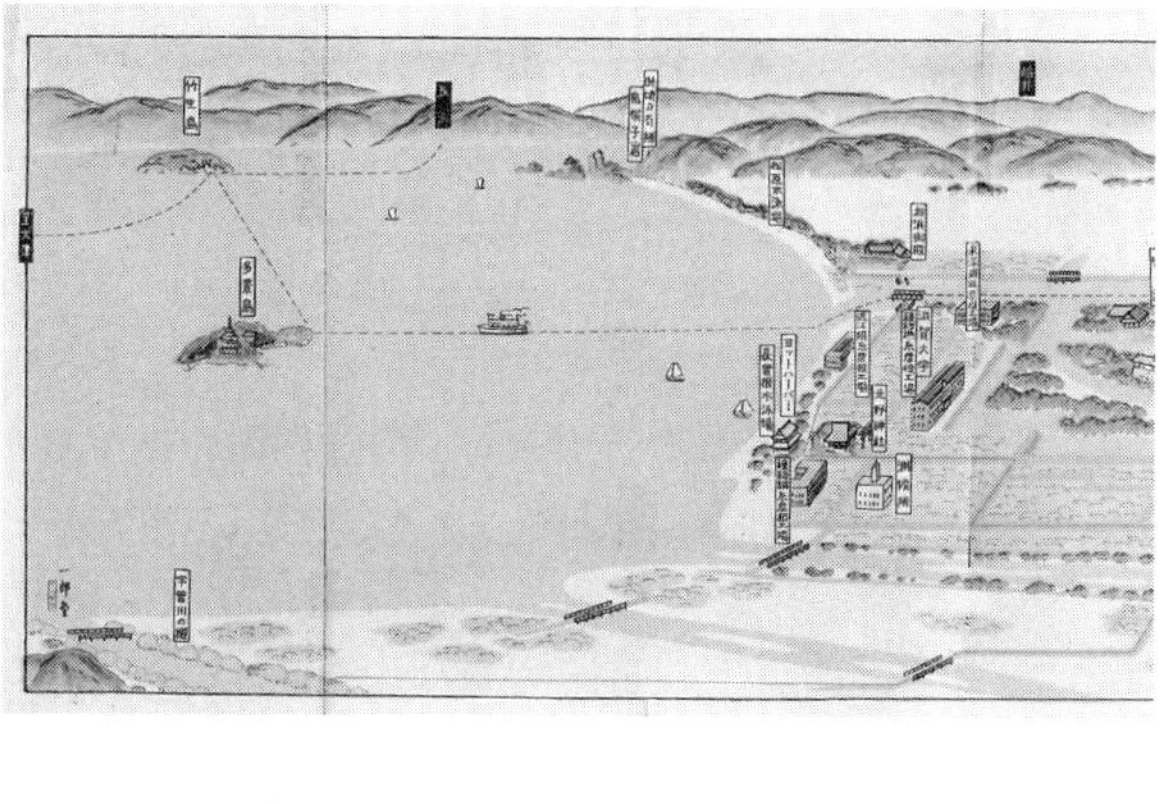
図13「観光の彦根」と題されたパンフレット。

う少し南に固定された松原橋が架けられた。

したがって、この地図は、一九六七年より前に発行されたことが分かる。

そう思って改めて眺めてみると、なるほど現在と異なる箇所がいくつも見られる。

たとえば、湖岸線を見ると、松原水泳場にはまだ港はない（図17）。

一九六九年（昭和四十四年）から湖岸線に新しい港を作るにあたって、河口から北が埋め立てられ、コンクリートで護岸された。これに対して、地図には、まだ新港はなく、船の入口となる河口から左上の磯にいたるまで途切れることのない松原が続いている。

かつて映画『青い山脈』で、吉永小百合が走った松原の湖岸線は、こんなところだったのだろう。湖月楼は夏になると、ちょうど、河口の北側、突堤のすぐ後ろで納涼台を開業していた（「五章　湖月楼」参照）。磯まで続く松原を見晴らしながら食べるハス料理は絶品だったに違いない。

その海岸線の先には「磯崎の奇勝」という文字も見える（図18）。湖岸の道を示す赤い線は、岩と岩の間を通り抜けているかに見える。これは、かつてこの地にあった数々の岩礁を描いたものだろ

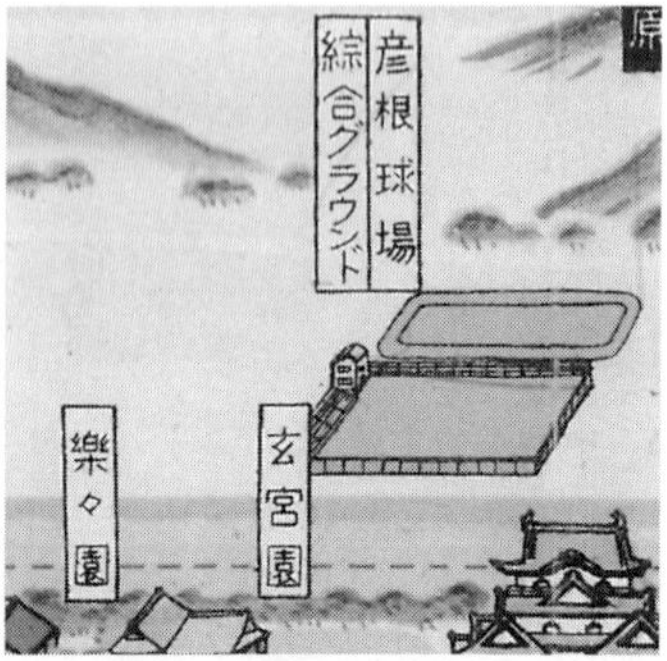

図14　総合グラウンドと彦根球場。

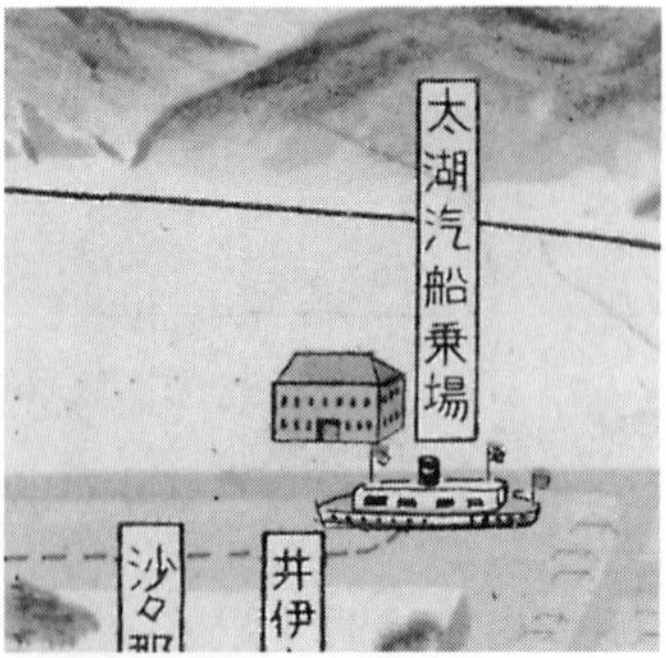

図15　旧彦根港の太湖汽船乗り場。

う（「二章　岩の記憶」参照）。しかし、現在では岩礁のほとんどは取り除かれ、奇勝にあたるものはほとんど失われている。

町並みにも変化が見られる。市役所は城の南、本町付近に建っている（図19）が、これは昭和四〇年代の駅前再開発によって移転した。銀座商店街（図20）にはマルビシデパート（百貨店）、図書館があり、映画館の「第一劇場」や「真盛座《しんせいざ》」の名前も見える。一九六三年（昭和三十八年）に鉄筋五階建てのビルを造った「平和堂」の名前はまだ書き込まれていない。ということは、このパンフレットが発行されたのは、戦後から一九六〇年代前半、ということになる。

パンフレットには、井伊大老像も載っている（図21）のだが、なぜか、現在の位置（金亀公園内）とは異なっている。どういうことだろうか。

じつは、この像は、建築後、転々と場所を移動している。

まず、一九一〇年（明治四十三年）に、現在の埋木舎の裏側にあたる尾末公園に、最初の井伊直弼像が建てられた。彦根の名所絵はがきにも、この初代の井伊像はしばしば取り上げられている（図22）。しかし、その後、公会堂前（四章　扉絵はがき）に移築され、戦時中は金属供出のため取り壊された。戦後にな

図16　回転橋とお浜御殿。

図17　松原海岸。

って一九四九年（昭和二十四年）、井伊直弼像は護国神社境内に再建された（図23）。さらに一九五八年（昭和三十三年）に金亀公園内に移され、現在にいたっている（図24）。現在の像の台座には「昭和二十四年十一月十日再建」とあるが、これはこうした経由によっている。ちなみに、横浜にも井伊像があるが、これは、一九〇九年（明治四十二年）に、開国の祖である井伊直弼を記念して建てられたものだ。

パンフレットの井伊直弼像は、戦後に護国神社境内に再建された位置を示している。以上のことから、これは一九五八年以前を描いたものであることが分かる。

さて、パンフレットにはもう一点、気になるところがある。それはトンネルの存在だ。

絵の上のほうを見てみよう。彦根駅を出た線路は、米原方面に向かっているが、その途中にトンネルが描かれているのである（図25）。かつて彦根—米原間にあった「仏生山《むしやま》トンネル」だ。

かつて、入江内湖と松原内湖が埋め立てられる以前は、大洞弁財天のそばを通った線路は、地盤の緩い内湖のそばを避けるために、そのまま東側に曲がり、「仏生山トンネル」を抜けて米原に達していた。しかし、戦後、内湖が埋め立てられた後、か

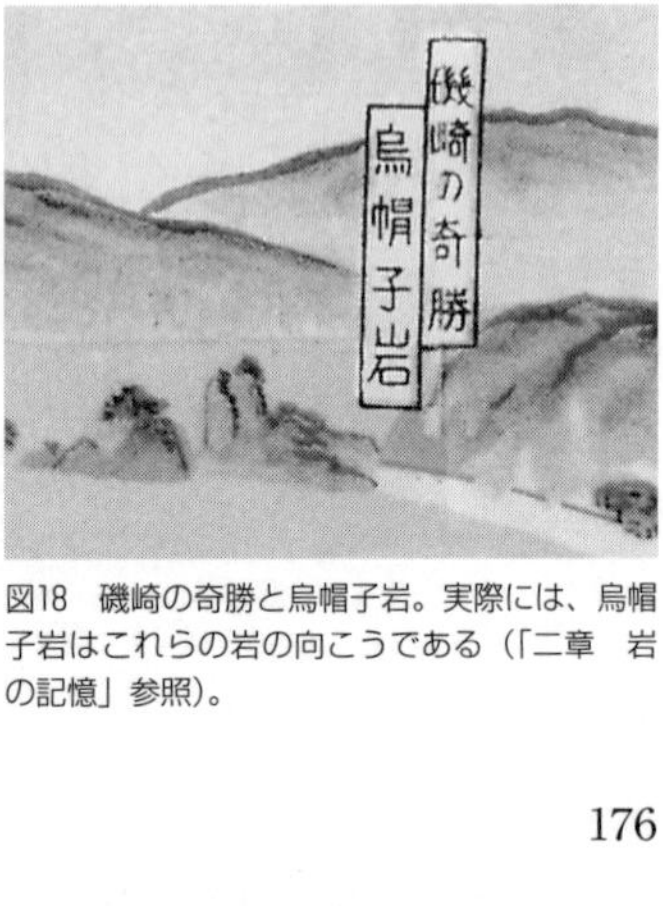

図18　磯崎の奇勝と烏帽子岩。実際には、烏帽子岩はこれらの岩の向こうである（「二章　岩の記憶」参照）。

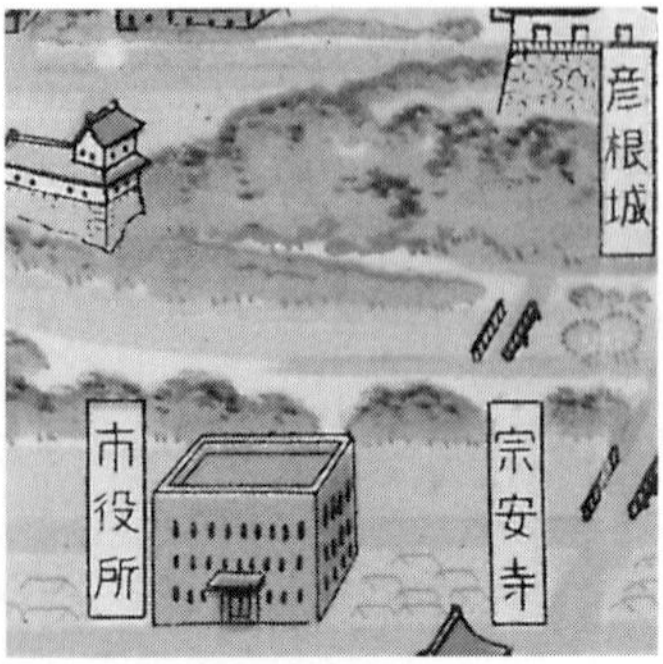

図19　市役所は本町にある。

つての内湖の沿岸に沿って線路が敷設されて、一九五六年（昭和三十一年）、トンネルは廃止となった。
以後、彦根米原間では、列車はトンネルを通過しない。

仏生山トンネルが描かれていることを考えると、このパンフレットは、一九五六年以前の彦根を描いたものである、と言えるだろう。

ところで、この仏生山トンネルについて、沢和哉『日本の鉄道ことはじめ』（築地書館）に、地元で語り伝えられているというおもしろい伝説が載っている。

「丘陵地帯の仏生山には、昔から海の神様である『龍神』が住んでいた。ちょうど仏生山トンネルの位置は、湖岸から西方に約五十キロ離れた湖中の竹生島にいる美しい弁財天のもとに、龍神が通っていく通路となっていた。たまたま一八八九年（明治二十二年）七月、鉄道がこの仏生山の中央を両面切り取りによって開通したことにより、龍神が従来から利用していた通路は遮断されることとなった」

怒った龍神は、線路に木や土砂を落として運転を妨害した。そこで、トンネルの上に煉瓦製の蓋をつけて、それを龍神の通り道にすることで怒りをおさめた、というのだ。

この伝説は、彦根の地理を知っていると、いっそう興味深い。

図20　かつての銀座商店街付近。

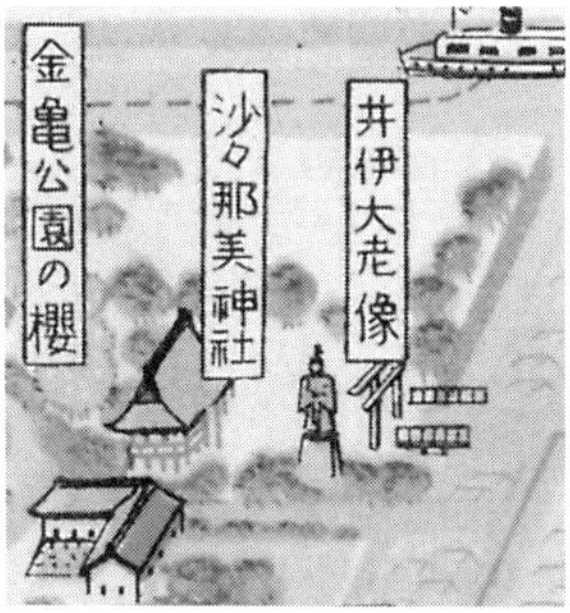

図21　井伊直弼像は現在とは異なる位置にある。

仏生山から東側には、ちょうどかつての松原内湖と入江内湖の間（「差し合い」）をはさんで、磯山が続いている。そして、この磯山は、かつては二つの湖に挟まれた「岬」であり、「いそのさき」と呼ばれていた（「二章　岩の記憶」参照）。昔の人々が、うねうねと曲がる仏生山から磯山への連なりを水の上の龍と見立てたという考えは、そう不自然ではない。

仏生山から抜けてきた龍神が、琵琶湖沿岸に突きだした磯の山を通って、竹生島へ渡っていった。そんな想像をすると、パンフレットの右から左へと続く山並みのうねりが、にわかに竹生島に向かう龍神の姿に思えてくるからおもしろい。

図23　戦後すぐの井伊直弼像絵はがき。囲いが木造になっていることに注意。

図24　現在の井伊直弼像（金亀公園）。

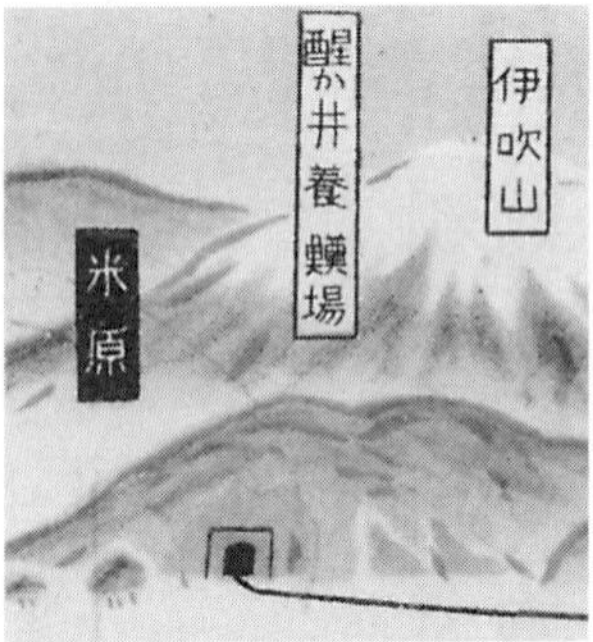

図25　仏生山《むしやま》トンネル。

図22　初期の井伊直弼像絵はがき。

あとがき

彦根に住んで十二年になる。ちょうどいい年月だったのかもしれない、と今にして思う。

絵はがきを手がかりに彦根名所を訪ね始めた頃は昔の外堀も内湖もわからず、土地の人ならすぐに指させるようなことにも疎かった。あちこち自転車で駆け回るうちにようやく少し土地勘ができたものの、あいかわらず細かいことは分からない。だから、行く先々で、絵はがきのコピーを片手に人にたずねて回ることになった。もしまったく見知らぬ土地だったならば、どこに行けばよいかも分からなかっただろう。逆に、自分にとってごく近しい土地ならば、わざわざ訪ね歩くことはなかったかもしれない。

以前、『浅草十二階』（青土社）を書くために浅草で絵はがきを手に調査をしていた頃は、絵看板や見世物小屋や映画館など、街並みを作り上げているさまざまな事物が、時代を考える手がかりとなってくれた。ところが、彦根絵はがきの場合は勝手が違っていた。水辺にしても庭園にしても、街路を考えるのとは異なる方法が必要だった。

そして、その突破口となったのは、その土地に住まう方々の話だった。絵はがきに写された光景を実際に体験している方々とわたしとの差は歴然としていた。絵はがきを指している腕がすいと伸びて、堀を指し山を指し湖を指す。その光景がどこを切り取ったもので、その周囲にどんな光景が開けているのかがみるみる明らかになっていく。絵はがきの中にも絵はがきの外にも、ただ漠然と眺めているだけでは分からない豊かな世界があることを痛感した。

お話を伺ううちに、話題は絵はがきにとどまることなく、あれやこれやの四方山話に花が咲き、彦根についてのおもしろいエピソードをたくさん知ることができた。本書には、そうした話の一部も取り上げさせていただいた。

もし本書の記述に間違いや誤記があれば、もちろんそれはすべてわたしの責任である。

豊富な絵はがきコレクションを快くお貸し下さった野瀬正雄さん、橋爪紳也さん。長年の写真アーカイヴを元に、彦根の風景をあれこれ教えて下さった渋谷博さん、わたしのしつこいほどの質問に丁寧に答えてくださった堀川敏男さん、西尾新次郎さんと昌良さん、酒居久一さん、吉原利夫さん、牧野博夫さん、葛目良水さん、川添茂さん、そして名前は挙げることができないけれど、行く先々で、絵はがきを見ながらの話につきあって下さった方々の力がなければ、この本は生まれることはありませんでした。どうもありがとうございました。

上田洋平君、塚本篤史君をはじめ、彦根風景探偵のみなさんには、聞き取りや絵はがきのスキャニングでお世話になりました。なにより、このような物好きな試みに同好の士がいることはとても心強かった。どうもありがとう。

そして、なかなか筆の進まないわたしを「そろそろどうですかあ」とやんわりと、かつ粘り強く催促してくださったサンライズ出版の岩根治美さんに、感謝申し上げる次第です。

■著者略歴

細 馬 宏 通（ほそま　ひろみち）

1960年兵庫県に生まれる。1995年より彦根市在住。京都大学大学院博士課程（動物学）を修了後、現在、滋賀県立大学人間文化学部准教授。著書に『絵はがきの時代』『浅草十二階』（青土社）『活動としての文と発話』『ことば・空間・身体』（ひつじ書房・共著）など。

絵はがきのなかの彦根　淡海《おうみ》文庫38

2007年11月11日　初版1刷発行

企　画／淡海《おうみ》文化を育てる会

著　者／細　馬　宏　通

発行者／岩　根　順　子

発行所／サンライズ出版

滋賀県彦根市鳥居本町655-1

☎0749-22-0627　〒522-0004

印刷・製本／P－NET信州

ISBN978-4-88325-156-8

淡海《おうみ》文庫について

「近江」とは大和の都に近い大きな淡水の海という意味の「近（ちかつ）淡海」から転化したもので、その名称は「古事記」にみられます。今、私たちの住むこの土地の文化を語るとき、「近江」でなく、「淡海」の文化を考えようとする機運があります。

これは、まさに滋賀の熱きメッセージを自分の言葉で語りかけようとするものであると思います。

豊かな自然の中での生活、先人たちが築いてきた質の高い伝統や文化を、今の時代に生きるわたしたちの言葉で語り、新しい価値を生み出し、次の世代へ引き継いでいくことを目指し、感動を形に、そして、さらに新たな感動を創りだしていくことを目的として「淡海文庫」の刊行を企画しました。

自然の恵みに感謝し、築き上げられてきた歴史や伝統文化をみつめつつ、今日の湖国を考え、新しい明日の文化を創るための展開が生まれることを願って一冊一冊を丹念に編んでいきたいと思います。

一九九四年四月一日